Felix Henrichs und Guus Peters

Wo die ganze Welt vor Anker geht

Zwei Seemannsmissionare erzählen

Felix Henrichs und Guus Peters

Wo die ganze Welt vor Anker geht

Zwei Seemannsmissionare erzählen

SCM Hänssler

SCM

Stiftung Christliche Medien

Die Namen der Seeleute und Schiffe in diesem Buch sind bewusst geändert, um ihre Persönlichkeitsrechte und das Seelsorgegeheimnis zu wahren und ihre Sicherheit nicht zu gefährden.

MIX
Papier aus verantwortungsvollen Quellen
FSC® C006701
www.fsc.org

SCM Hänssler im SCM-Verlag GmbH & Co. KG · 71088 Holzgerlingen
Internet: www.scm-haenssler.de · E-Mail: info@scm-haenssler.de

Herausgeber: Theo Volland
Umschlaggestaltung: Jens Vogelsang, Aachen
Titelbilder: Schiff (shutterstock.com); Felix Henrichs (Inge Kooiman)
Bilder im Innenteil: Guus Peters, Felix Henrichs, Inge Kooiman
Satz: typoscript GmbH, Walddorfhäslach
Druck und Bindung: CPI – Ebner & Spiegel, Ulm
Gedruckt in Deutschland
ISBN 978-3-7751-5499-4
Bestell-Nr. 395.499

Inhalt

Die Autoren 10
Vorwort 13
Ein Hafen der Superlative … 16
Der kleine Frachter am Ende des Piers … 20
Windmühlen, WM und Mission?! 25
Im Kühlschrank 29
Sechs Kilo Kokain aus Kolumbien … 32
Der Klavierspieler 36
Über Rang, Ordnung und Dienstgrade 41
Kevin war völlig am Ende 43
Gottes Liebe weiterschenken … 46
Be'er Lahai Roi, verdursten oder leben? 50
Zurückgefallen 55
Segen oder Fluch 62
Der Tod des Elektrikers 66
Ein Hindu lädt zur Bibelstunde 71
System 77
»Auweia, Konkurrenz!« 80
Der Beweis … 83
Liebe oder Hass 86
Verliebt, verlobt und bald verheiratet … 90

Manchmal muss man die Bibel beiseitelegen 95
Eine Frage des Geldes 99
Die syrische Insel Arwad 102
Vom Ramadan zum Sonntag 104
Die »Nächste Welle« zu Besuch 108
Kein Reis, keine Power 112
Das Evangelium ist nicht aufzuhalten 117
Wiedersehen mit Sam 120
Tuvalu: Die dunkle Seite im Herzen 123
Vom Leben auf See 127
An Bord der Mangorello 129
Ein Christ macht den Unterschied 133
650 Geschenkpakete verteilt 137
Weihnachten auf dem Supertanker 139
Die »Corona Unity Church« 143
Gott wollte, dass wir uns treffen 148
Am oberen Ende der Leiter 152
Vom Smutje zum Missionar 156
Omids Traum 159
Micals Wut und seine Träume 162
»Hallo, lieber Bruder in Christus!« 165
Festgenommen 168
»Jesus kann deine Vergangenheit aufräumen« 169

Die zwei Keksdosen 175

Die »Queen of Pearls«-Saga 179

Gebet am Abend 183

Kontakt 186

Ich seh das Kreuz,
und nichts andres muss ich sehn.
Ich seh das Kreuz.
»Komm und glaube«, ruft es mich.

Kein andrer Weg, der zur Freiheit führt,
um Versöhnung zu erfahren.
Kein andrer Ort, der Vergebung bringt,
wo der Preis für uns bezahlt ist.

Ich seh das Kreuz
über alles hoch erhöht.
Ich seh das Kreuz –
Gottes Liebe für die Welt.

Und ich komm, wie ich bin,
und begegne deiner Gnade.
Ich seh das Kreuz.*

---

* Ich seh das Kreuz, Originaltitel: I See The Cross, Text & Melodie: Brian Doerksen, Dt. Text: Guido Baltes & Stefan Amolsch

Die Autoren

Felix Henrichs

Felix Henrichs ist 1980 in Siegen zur Welt gekommen. Er verbrachte viereinhalb Jahre seiner Teenagerzeit als Missionarskind in Pakistan, eine Lebensphase, die ihn sehr geprägt hat. Sein Theologiestudium an der Freien Theologischen Hochschule in Gießen hat er mit einem Master in Biblical and Theological Studies abgeschlossen. Seit 2009 wohnt er gemeinsam mit seiner Frau Kerstin in den Niederlanden, sie haben zwei Kinder: Jakob und Emilie. Als Mitarbeiter der Deutschen Missionsgemeinschaft (DMG) ist Felix Henrichs Seemannspastor im Hafen von Rotterdam.

Guus Peters

Guus Peters wurde 1953 in Breda in den Niederlanden geboren, seit 1978 ist er mit seiner Frau Annemiek verheiratet. Beruflich war er einige Jahre staatlicher Angestellter, der Baufirmen in den Niederlanden kontrollierte. Geistlich stammt er aus römisch-katholischem Hintergrund und ist 1981 zum lebendigen Glauben an Jesus Christus gekommen. Seit 2005 arbeitet er Vollzeit als Seemannsmissionar in den Häfen von Gent und Antwerpen. Guus und Annemiek haben fünf Kinder: Eva, Esther, Janneke, Michael und Joshua.

Vorwort

Wie ein Seemann aus dem Bilderbuch, denke ich, als Felix Henrichs das erste Mal bei mir zur Tür hereinmarschiert: mit ungezähmter blonder Mähne und Bart, immer ein Lachen im Gesicht und in den blauen Augen, die selbst bei Sturm noch vor Optimismus leuchten. Als er und seine Frau Kerstin sich bei der DMG für die Niederlande bewerben, staunen wir nicht schlecht über dieses Paket an Lebensfreude, das Gott uns da an Bord schmuggelt. Gerne nehmen wir sie in unsere weltweite Mannschaft mit auf. Das ist jetzt fünf Jahre her.

Die Henrichs haben eine klare Berufung: Sie wollen Seeleuten auf Handelsschiffen im Hafen von Rotterdam die Liebe Gottes nahebringen. Über eine Partnerorganisation, die »Seamen's Christian Friend Society« (Christliche Gemeinschaft der Freunde von Seefahrern/SCFS), konnten sie als DMG-Mitarbeiter in solch eine Arbeit einsteigen.

Heute sind weltweit mehr als eine Million Seemänner auf den Ozeanen unterwegs. Die meisten stammen aus Asien und dem Orient, jeder vierte kommt von den Philippinen. Manche von ihnen sind Abenteurer und Heimatlose, andere haben eine fragwürdige Vergangenheit, und auf ihren Schiffen herrscht oft ein rauer Umgangston. Sie sind katholisch, muslimisch oder atheistisch geprägt und haben Glaubensfragen und Zweifel. Sie brauchen Seelsorge und praktische Hilfe – und nicht zuletzt die Botschaft von Jesus. Andere sind bereits bewusste Christen und benötigen Ermutigung im Glauben.

Von Anfang an verblüfft mich, was Felix Henrichs in seiner Arbeit erlebt. Seine Berichte für unsere Zeitschrift »DMG-informiert« erinnern an die biblische Apostelgeschichte. Eines Tages zeigt er mir ein englisches Buch seines niederländischen Kollegen Guus Peters, der in den Häfen von Gent und Antwerpen tätig ist. Auch das: faszinierend! Nur selten wage ich es, das Wort »Erweckung« in den Mund zu nehmen. Doch wie Gott bei ihnen in den Häfen handelt …

Eines Tages siegt die Neugier, ich will mit eigenen Augen sehen, was da geschieht. Kurzerhand reise ich nach Rotterdam und besuche mit Felix zusammen Schiffe im Hafen. Auf dem ersten, einem Erzfrachter, bittet uns die indische Mannschaft, allesamt Hindus, sofort, eine Bibelstunde zu halten. Menschen entscheiden sich für Jesus. Auf dem nächsten Schiff lerne ich einen niederländischen Hafenmitarbeiter kennen, einen Freund von Felix, der durch ihn zum Glauben gefunden hat. Und auch der junge Offiziersanwärter aus Bremerhaven, der sich zu einer Tasse Kaffee mit an den Tisch setzt, will unbedingt ganz genau wissen, was Jesus in meinem Leben verändert hat. Unvergessliche Momente. So entsteht an Bord eines kleinen deutschen Küstenfrachters die Idee zu diesem Buch.

Ich bitte Guus Peters um Erlaubnis, seine Erlebnisse in Deutsch zu veröffentlichen, und Felix Henrichs, um weitere ergänzende Berichte. Das Ergebnis halten Sie hier in Händen: Erlebnisberichte zweier Seemannspastoren, die Einblick geben in Häfen mitten in Europa, wo die ganze Welt vor Anker geht. Die Autoren schildern, wie sie Seemännern aus Ländern rund um den Globus praktisch helfen und sie in ihren Lebensfragen begleiten. Und wie manche bewusst bei Jesus anlegen. Weil sie erkennen, dass er die Antwort auf zentrale Fragen ihres Lebens ist. Viel Freude beim Lesen …

Ihr Theo Volland
DMG-Redakteur

DMG
Deutsche Missionsgemeinschaft

Ein Hafen der Superlative …

Felix Henrichs, Rotterdam

Der Hafen unserer Stadt Rotterdam ist einfach nur riesig: Über ein Gebiet von 10 500 Hektar sieht man nach allen Richtungen nur Schiffe, Kräne, Container, Lagerbunker, Schornsteine, Silos und Tanks aller Art, verstreut über 105 Quadratkilometer oder umgerechnet 105 Millionen Quadratmeter. Zirka 100 Schiffe, vom größten Ozeanriesen bis zum kleinen Küstenfrachter, werden hier täglich an den 90 Terminals be- und entladen. Die Terminals, das sind Freiflächen, auf denen die Fracht, meist Unmengen Container, gestapelt und verteilt werden. Fast jedes hat eine eigene Autobahnauffahrt, damit Lastwagen die Güter aus Übersee – alles vom modernen Tabletcomputer bis zu Rohstoffen wie Eisenerz und Benzin – aufnehmen und von hier aus auf dem direktesten Weg quer durch ganz Europa verteilen können.

Ich bin inzwischen drei Jahre als Seemannsmissionar in Rotterdam tätig. Wenn ich morgens meinen Helm mit der Aufschrift »Chaplain« (Pastor/Seelsorger) aufsetze, die neongelbweiße Warnweste überziehe und mein Auto mit christlichen Schriften, Video-DVDs und Bibeln belade, freue ich mich auf einen Tag im vielleicht interessantesten Arbeitsplatz der Welt. Dabei weiß ich nie, auf welche Menschen ich treffe …

Heute ist Montag. Übers Internet habe ich mich für die Schiffe angemeldet, die ich heute besuchen möchte. Ich fahre in den größten Containerhafen hinein, auf die sogenannte Maasvlakte am äußersten Ende des Hafens. Angesichts der gewaltigen Kulisse fühle ich mich in meinem silbergrauen Kombi irgendwie ziemlich klein und unbedeutend. Aber ich weiß, dass viele Seeleute auf meinen Besuch warten, deshalb erfüllt mich auch Vorfreude. Ich halte an der Zufahrt zum Terminal an, steige aus und lasse mir einen Passierschein geben, den ich später, von den Kapitänen der besuchten Schiffe unterschrieben, wieder hier abgeben muss.

Nachdem ich den Wachleuten meinen Ausweis vorgelegt habe, darf ich die Schranke am Eingang des riesigen Geländes passieren und rolle aufs Hafengelände hinaus. Hier muss ich extrem achtgeben, denn bis zum Pier und zu den Schiffen geht es ständig unter hohen beweglichen Kränen hindurch, die sich auf ihren Schienen hin- und herbewegen und tonnenschwere Container in allen Farben transportieren. Ampeln leuchten rot auf, wenn ein Container in 20 bis 40 Metern Höhe über die Straße hinweggehoben wird. Sie schalten wieder auf Grün, sobald die Lage sicher ist. Es ist gefährlich hier, man darf keine Ampel übersehen. Immer wieder werden Autos und Menschen unter herabstürzenden Gütern begraben.

Ich biege um die Kurve an die Kaimauer. Mit größter Vorsicht fahre ich unter den gigantischen Containerbrücken hindurch. Links von mir bringen hochmoderne, ferngesteuerte Großtransporter – ganz ohne Fahrer – Container von und zu den riesigen Kränen, die die Schiffe be- und entladen.

Rechts neben mir, hinter einem niedrigen Randstein, geht es senkrecht hinab ins Hafenbecken, hier liegen die meist riesigen Schiffe. Wenn man sich mit dem Auto zwischen der gigantischen Bordwand so eines mit monströsen weißen Buchstaben auf blauem Grund beschrifteten Containerfrachters zur Rechten und dem noch höheren auf rostigen Schienen stehenden orangegrauen Krans zur Linken hindurchquetscht, kommt man sich vor wie ein Zwerg in einer Konservendose. Kein gutes Gefühl …

Manche Schiffe sind wahre Stahlmonster von bis zu 400 Metern Länge, 65 Metern Breite und mit einer Gangway, die man erst einmal beinahe 20 Meter hochklettern muss, um schwer atmend überhaupt an Bord zu kommen. Selbst nach drei Jahren Dienst ist das Hafengelände immer noch ein überwältigender Anblick für mich.

Ich parke in der Nähe des Piers an einer sicheren Ecke. Dann bete ich, wie vor jedem Einsatz. Noch weiß ich nicht, was für eine Situation ich auf den Schiffen heute antreffen werde. Ich bitte Jesus, dass er mich zu Seemännern führt, deren Herzen er bereits vorbereitet hat. Dann steige ich aus und mache mich auf den Weg. Zahllose Möwen hinter einem rostigen Zaun krächzen mir heiser hinterher.

Ich bin gespannt. Bei den vielen Containerschiffen, Erzfrachtern und Tankern, die täglich hier anlegen, kann ich unmöglich planen, welcher Mannschaft ich am besten als Seelsorger helfen kann. Aber Gott weiß alles, er kennt die Seeleute auf jedem Frachtschiff genau und kann mich zu den richtigen Menschen führen. Das Besondere an meiner Arbeit ist im Grunde, dass Gott genau das tut. Er verblüfft mich immer wieder; wie er mich durch Umstände und vermeintliche Zufälle zu den richtigen Schiffen und Menschen leitet. Ein Beispiel dafür ist die nächste Geschichte.

Der kleine Frachter am Ende des Piers …

Felix Henrichs, Rotterdam

Aus irgendeinem Grund bin ich heute spät dran. Also entscheide ich mich spontan, das erste Schiff direkt vor mir zu besuchen. Doch als ich es erreiche, machen die Matrosen gerade die Leinen los, und es legt ab. Also weiter zum nächsten. Beim zweiten Schiff dasselbe Bild, wieder legt der Frachter vor meiner Nase ab! Unglaublich, so was habe ich noch nicht erlebt. So langsam schmolle ich innerlich und frage Gott: »Herr, was machst du?« Als ich das dritte Schiff erreiche, einen unscheinbaren kleineren Containerfrachter, bleibt der glücklicherweise brav im Hafen liegen.

Die Gangway schwankt bedrohlich, als ich sie mit meiner Tasche voller christlicher Schriften in der Hand betrete, um an Bord zu gelangen. Daran habe ich mich inzwischen gewöhnt. Auch dass ich auf dem Weg über die glitschigen Planken oder Metallplatten unter mir direkt aufs schwarze Wasser des Hafenbeckens blicken kann.

Oben, an Bord, ist zunächst niemand zu sehen, alles bleibt still. Scheinbar ist die ganze Mannschaft irgendwo mit der Ladung oder unter Deck beschäftigt. Durch eine massive, weiße Stahltür mit den typischen doppelten einem Schott ähnlichen Griffen betrete ich den Aufbau am Heck (quasi das Haus auf dem Schiff) und steige direkt die Treppe zur Mannschaftsmesse (dem Speisesaal) hinunter. Auch hier ist alles menschenleer. Schade, ich habe die kurze Kaffeepause um zehn Uhr verpasst, alle Seemänner sind schon wieder an der Arbeit und entladen gerade das Schiff.

Frustriert setze ich mich hin und breite meine mitgebrachten Bibeln, Bücher und DVDs auf dem Tisch aus. Warten ist angesagt. Da kommt der philippinische Koch herein, ein klein gewachsener, junger Mann mit freundlichem Gesicht. Er heißt Niño[**], sagt er. Wie die meisten Schiffsköche trägt er ein weißes Hemd und eine schwarzweiß karierte Hose, über der seine etwas fleckige Schürze hängt. In typisch philippinischer Gastfreundschaft schenkt er mir zuerst einmal lächelnd einen Tee ein, dann setzt er sich zu mir und begutachtet interessiert mein Material.

Nach einer Weile fragt der junge Filipino auf Englisch, ob ich Zeit habe, mit ihm zu reden. »Klar!«, sage ich, ebenfalls auf Englisch. Ohne Umschweife beginnt er, aus seiner Vergangenheit zu erzählen. Er schildert mir sein früheres Leben, die Zeit, bevor er zur See gefahren ist. Niño meint, dass es ein sehr sündiges Leben war und er viel Schuld mit sich herumtrage.

Wie jeder Pastor stehe ich in solchen Momenten unter Schweigepflicht, deshalb kann und will ich hier in diesem Buch nicht genau wiedergeben, was Niño mir aus seinem Leben erzählt hat. Ich habe ihm versprochen, dass ich das nicht tue. Doch ich bin von seinem Vertrauen überwältigt. Er kennt mich nicht und erzählt mir trotzdem bis ins kleinste Detail, was ihn aus seiner Vergangenheit belastet. Traurig schaut er mir dabei in die Augen und schluchzt: »Ich möchte ein neues Leben beginnen, ich möchte mich wirklich ändern. Deshalb bin ich zur See gefahren.«

Ich erkläre Niño auf Englisch, dass niemand vor der eigenen Vergangenheit weglaufen kann, auch nicht dadurch,

---

** Die Namen der Seeleute und Schiffe in diesem Buch sind bewusst geändert, um ihre Persönlichkeitsrechte und das Seelsorgegeheimnis zu wahren und ihre Sicherheit nicht zu gefährden.

dass er quer über den Ozean auf die andere Seite der Weltkugel flüchtet. Mit der Zeit kommen wir auf die Bibel zu sprechen. Als Katholik von den Philippinen ist ihm dieses Buch ein Begriff. Er hat die Bibel zwar noch nie gelesen, kennt aber manches daraus, was er von Priestern in seiner Heimat in Predigten gehört hat. Auf dieses Wissen baue ich auf:

»Niño, es gibt jemanden, der für deine Sünden und deine schlimme Vergangenheit und alles Belastende in deinem Leben gestorben ist, damit du es nicht mehr selbst tragen musst, und er will diese gewaltige Last von deinen Schultern nehmen: Dieser Mann heißt Jesus. Kennst du Jesus?«

In den nächsten Stunden erkläre ich Niño das Evangelium. Man sieht ihm deutlich an, wie sich etwas in seinem Inneren bewegt. Während er mir aufmerksam zuhört, beginnt Niño zu strahlen, seine Haltung verändert sich. Ab und zu huscht ein Lächeln über sein Gesicht. Ich erkläre ihm, dass Jesus der Kapitän meines Lebens ist. Dass die Bibel und ihre Botschaft mein Kompass und mein Anker sind und wie sehr sie mein Leben verändert haben.

Niño erkennt, dass Jesus die Antwort auch auf seinen Wunsch nach einem neuen, veränderten Leben ist. Er bittet mich um ein Gebet, dass Jesus sein Leben in die Hand nimmt und ihn von all seiner Schuld befreit. Mitten im leichten Chaos der Mannschaftsmesse, zwischen zerknitterten Zeitschriften in fremden Sprachen mit Bildern nur wenig bekleideter Frauen auf den Titelblättern, faltet der junge Schiffskoch von den Philippinen seine Hände. Gemeinsam beten wir. Er spricht mir Wort für Wort nach und meint es eindeutig ernst: »Jesus, bitte nimm mein kaputtes Leben«, beten wir. »Und mache du etwas Neues daraus. Vergib mir alle meine Sünde und Schuld, du sollst ab heute der Kapitän in meinem Leben sein …«

An diesem Tag hat Niño sein Leben also Jesus in die Hand gelegt, jetzt ist er ein befreiter Mann. Die Freude, dass Gott ihm alle Schuld vergeben hat, füllt seine Augen mit Tränen und zaubert ein Lächeln auf sein Gesicht. Die Erinnerung daran, wie froh er mich nach unserem Gebet angeschaut hat, bewegt mich bis heute tief. Wie er danach aufgestanden ist und sich mit einer Umarmung von mir verabschiedet hat. Die Last von seiner Vergangenheit war deutlich sichtbar von seinen Schultern genommen, als Niño Jesus sein Leben ausgeliefert hat.

Ich mache ihm noch klar, wie wichtig es ist, im Alltag wirklich die Bibel zu lesen. Dann verabschiede ich mich und gehe aufs nächste Schiff weiter. Später hat man mir gesagt, dass Niño seither fröhlich seinen Mannschaftskameraden von seinem neuen Glauben erzählt. Das macht Freude …

Hätten die zwei anderen Schiffe an diesem Morgen nicht direkt vor meiner Nase abgelegt, wäre ich dem jungen Schiffskoch vielleicht nie im Leben begegnet. Ich war damals das erste Mal auf seinem Schiff. Jesus hat gewusst, dass Niño meine Hilfe benötigte. Er hat dafür gesorgt, dass ich an diesem Montag aufs genau richtige Schiff kam, auf den letzten und kleinsten in einer Reihe von drei Frachtern am Kai. Er nimmt uns ernst, wenn wir beten, und führt mich zu Seeleuten, denen ich wirklich helfen kann. Deshalb folgt Niño heute Jesus nach. So groß ist unser lebendiger Gott.

Auf dem Nachhauseweg vom Hafen geht es über mehrere große und kleine Brücken auf die Halbinsel hinaus, auf der wir als Familie wohnen. Ich freue mich auf den Abend zu Hause, auf meine Frau Kerstin und unsere beiden Kinder Jakob (3) und Emilie (fast 2). Während ich über das platte niederländische Land zwischen den kleinen Dörfern hindurchfahre, die von den wehrhaften alten Backsteintürmen ihrer Dorfkirchen überragt werden, muss ich daran zurückdenken, wie wir eigentlich hierhergekommen sind …

Windmühlen, WM und Mission?!

Felix Henrichs, Rotterdam

… wie passt das zusammen? Diese Frage haben wir uns als Ehepaar in den vergangenen Jahren öfter mal gestellt. Ich bin Theologe und meine Frau Kerstin ist Kinderkrankenschwester von Beruf. Wie sind wir in die Seemannsmission nach Rotterdam, ins Land des leckeren Goudas, Fußballfiebers in Orange und der vielen Windmühlen, gekommen?

Es begann im zarten Alter von sieben Jahren, als ich zum lebendigen Glauben an Jesus kam. Ich habe meine Teenagerjahre in Pakistan verbracht, wo meine Eltern Missionare waren. Sie haben vielen Menschen praktisch geholfen und die Botschaft der Liebe Gottes weitergegeben. So hatte ich gute Vorbilder, kein Wunder, dass ich von klein auf ebenfalls Missionar werden wollte.

Während meines Studiums an der Freien Theologischen Hochschule in Gießen hörte ich zum ersten Mal von christlichen Mitarbeitern, die in den großen Überseehäfen Europas Seeleuten aus aller Welt das Evangelium weitersagen. Ich war ziemlich beeindruckt, denn Seefahrt und Schiffe haben mich ebenfalls schon von Kindesbeinen an fasziniert.

Zu dieser Zeit drückte mir meine Mutter das Buch »Seeleute, ein vergessenes Volk« meines heutigen Kollegen Martin Otto (Hamburg) in die Hand. Ich las es mit Interesse und war von der Offenheit der Seeleute fürs Evangelium überwältigt. Seemännern helfen und ihnen von Jesus weitersagen – das wollte ich ausprobieren. Also machte ich ein einmonatiges Praktikum bei Martin und seinem Kollegen in Hamburg. Irgendwie spürte ich deutlich, dass Gott mich ebenfalls in so eine Arbeit berufen wollte. Nach meinem Studium wollte ich mir das noch genauer anschauen. Daher absolvierte ich ein weiteres Praktikum von zehn Monaten bei der Seemannsmission in Rotterdam. Von Anfang an fand ich es total spannend, wie Gott unter den Seeleuten wirkt:

Es war am letzten Tag dieses Praktikums im Sommer 2007. Ich hatte mich im Speiseraum eines großen Containerschiffs mit den Männern der philippinischen Mannschaft unterhalten und wollte gerade unsere christlichen Bücher wieder zusammenpacken und gehen, als jemand plötzlich die Tür aufriss. Der Zweite Offizier stand vor mir. »Erzähl mir von Jesus«, forderte er mich auf. »Aber beeil dich. Wenn der Kapitän merkt, dass ich nicht auf der Brücke bin, dann kriege ich Riesenprobleme …«

Andreiu stammte aus Rumänien. Weil seine Eltern Kommunisten waren, hatte er bis zum Zeitpunkt unseres Zusammentreffens keine Gelegenheit gehabt, jemals eine Bibel zu lesen. Dabei hatte er großes Interesse am Glauben.

Ein Freund hatte ihm erzählt, dass Gott uns Menschen Zeichen gibt, wenn wir nach ihm suchen. An dieser Stelle knüpfte ich an und erzählte ihm das Evangelium. Gerne nahm er eine Bibel, einen Bibelfernkurs und einen Film über das Leben von Jesus in Rumänisch als Geschenk an. Als ich gehen musste und draußen an die Gangway kam, rief er hinter mir her: »War das wirklich deine letzte rumänische Bibel?« Als ich bejahte, lachte er begeistert: »Das ist ein Zeichen Gottes für mich, ich werde noch heute Abend anfangen, meine Bibel zu lesen.«

Begegnungen wie diese hatte ich während meines Praktikums fast jeden Tag. Die Seeleute zeigten sich sehr offen für die Botschaft der Bibel. Ich sah meinen Weg in die Seemannsmission dadurch deutlich bestätigt. Martin Otto erzählte mir später, dass meine Entscheidung für die Seemannsmission für ihn eine große Gebetserhörung war. Denn er hatte Jahre zuvor beim Schreiben seines Buchs dafür gebetet, dass Gott eine Person in diese Arbeit berufen würde.

Meine Frau Kerstin hatte schon im Vorschulalter ihr Herz für Jesus geöffnet. Sie ist in einem gläubigen Elternhaus aufgewachsen und fand Mission ebenfalls immer schon spannend. Nach ihrer Ausbildung wuchs ihr Interesse daran noch mehr. Um eine Missionsarbeit vor Ort kennenzulernen, reiste sie für vier Wochen nach Indien. Kurz vor diesem Einsatz haben wir uns in einem Hauskreis kennengelernt.

Bei ihrem Abenteuertrip nach Indien erlebte sie, wie Gott sie auch in schwierigen Situationen bewahrt hat. Das hat Kerstins Glauben und ihr Gottvertrauen sehr gestärkt. Als wir schließlich heirateten, war klar, aus uns wird einmal ein Missionarsehepaar.

Vor vier Jahren sind wir zur DMG gestoßen und vor etwas mehr als drei Jahren als deren erste Seemannsmissionare in die Niederlande gezogen, wo ich in die seelsorgerliche Arbeit im Hafen einsteigen konnte.

Uns begeistert, wie enorm Gott in der jüngeren Geschichte Christen wie Amy Carmichael – eine einfache Frau aus Irland, die in Südindien Kinder aus Elend und Zwangsprostitution gerettet hat – gebraucht hat, um seine Gemeinde weltweit zu bauen. Leute, die es gewagt haben, sich Jesus voll und ganz zur Verfügung zu stellen. So möchten auch wir als DMG-Mitarbeiter ganz für die Menschen um uns herum da sein und ihnen die Liebe von Jesus ins Herz pflanzen. Das ist bereichernd und begeistert uns, weil wir Gott als direkten Chef haben und immer wieder erleben, wie er handelt.

Im Kühlschrank

Guus Peters, Gent

Warum empfinde ich es als ein Privileg, an Bord eines Schiffes mit einer Mannschaft aus aller Herren Länder zu kommen? Zu den Seebären mit ihrer oft schlimmen Vergangenheit und einem meist völlig anderen religiösen Hintergrund wie wir, viele davon Muslime. Was macht diese Besuche zu so etwas Besonderem für mich? Es begann vor 14 Jahren, hier im Hafen von Gent.

Gent ist der drittgrößte Überseehafen Belgiens. Die Stadt ist über den Gent-Terneuzen-Kanal mit der Westerschelde und der Nordsee verbunden. Schiffe, die hierherwollen, müssen zuvor in den Niederlanden eine Reihe schwerer Schleusen passieren, um in den Kanal einzufahren. Das ist immer etwas Spektakuläres. Steht man am Ufer, kann man die haushohe Stahlwand der Frachtschiffe aus aller Welt beinahe berühren.

In Gent gibt es riesige Hochöfen, deshalb legen viele Kohle- und Erzfrachter hier an, welche die Industrie mit den nötigen Rohstoffen aus Südamerika, Afrika und Asien versorgen. Die Mannschaften an Bord kommen heutzutage meistens von den Philippinen, aus Indien, Pakistan, Myanmar und anderen asiatischen Ländern.

Mit Herzklopfen erklimme ich zum ersten Mal in meinem Leben die Gangway so eines Frachters. Der unrasierte Wachmann in seinem schmutzigen und zerschlissenen

Overall begrüßt mich eher verhalten und lässt mich nur widerwillig an Bord. Im Pausenraum des Schiffes begegne ich einigen seiner Mannschaftskollegen, die mich nicht weiter beachten. Ich setze mich in eine Ecke, aber keiner setzt sich zu mir. Die Atmosphäre ist kalt und feindselig. Ich habe richtiggehend das Gefühl, in einem Kühlschrank zu sitzen. So gut es geht, versuche ich, ein Gespräch mit den Männern anzufangen, aber es klappt einfach nicht. Ich stoße nur auf Ablehnung, keiner will mit mir reden. Am liebsten würde ich nur noch aus dieser Situation fliehen, sofort das Schiff verlassen und auf ein anderes gehen.

Da höre ich tief in meinem Inneren eine Stimme zu mir sprechen: »Guus, bist du bereit, hier mit mir, mitten in dieser Kälte zu sitzen? Möchtest du mit mir hier aushalten?« Es ist die Stimme des Herrn. Ich erkenne, dass er, Jesus, auf diesem Schiff bei mir ist, auch mitten in dieser spürbaren Kälte. Er bittet mich, bei ihm zu bleiben. Meine spontane Antwort: »Wenn ich ehrlich bin, lieber nicht, Jesus.« Sofort höre ich die innere Stimme wieder: »Dann wirst du diese Situation wohl noch sehr oft erleben.«

Ich muss schmunzeln. In diesem Moment erkenne ich, dass Jesus mich eine Lektion lernen lassen will. Denn wie sollen Menschen durch mich seine Liebe kennenlernen, wenn ich nicht dazu bereit bin, zu ihnen zu gehen, mitten in ihren Alltag hinein. Also beschließe ich, die spürbare zwischenmenschliche Kälte an Bord dieses Bulkcarriers (Massengutfrachters) in Kauf zu nehmen. Mehr noch, ich fasse einen grundsätzlichen Entschluss: Ich will künftig immer da sein, wo auch Jesus ist!

Seither gehe ich mit Freude auf die Schiffe. Meistens werde ich weitaus gastfreundlicher und mit offeneren Armen empfangen als bei diesem ersten Besuch damals.

Doch auch Besuche auf Frachtern, die weniger gastfrei sind, sind mir ein Privileg. Denn ich komme nie allein an Bord. Jesus ist immer dabei.

Wir beide sind seit diesem Tag noch viele Male gemeinsam im Kühlschrank gesessen. Und diese Momente sind kostbar, denn mit Jesus bin ich nie alleine. Und das spüren sogar die Seemänner um mich her. Viele erkennen, dass mit mir Gottes guter Geist an Bord kommt, der ihr Leben verändern möchte …

Inzwischen fällt es mir längst nicht mehr so schwer, die Seeleute auf ihren Schiffen zu besuchen. Ich weiß, dass Jesus gemeinsam mit mir die Gangway hinaufgeht, und wir genießen jeder die Gegenwart des anderen. Er ist derjenige, der handelt, egal ob in eisiger Kälte, Wärme oder Hitze.

Das Evangelium unter den Seemännern, diesen kostbaren Menschen, zu verbreiten, ist für mich zu einer ganz besonderen Berufung geworden. Nicht zuletzt wegen des Kühlschranks.

Sechs Kilo Kokain aus Kolumbien …

Felix Henrichs, Rotterdam

Im Mai 2010 stehe ich vor einem grau gestrichenen Tor aus Stahlrohren, die grob zu einem undurchdringlichen Gitter zusammengeschweißt sind. Dahinter verbirgt sich das Gefängnis von Krimpen, ein düsterer Betonbau mit Wachtürmen und Alarmanlagen, der einer Festung gleicht. Hinter diesen Mauern ist Emerson seit einigen Wochen inhaftiert.

Ein Seemannsmissionar aus London hat mich gebeten, ihn zu besuchen. In seiner E-Mail schrieb er mir, dass ein philippinischer Seemann, den er kennt, im Hafen von Rotterdam wegen Drogenschmuggels verhaftet worden sei. Zollbeamte hätten bei der Untersuchung seiner Kabine sechs Kilogramm Kokain aus Kolumbien gefunden.

Kolumbien ist für den Drogenhandel berüchtigt. Ein Schiff, das von dort aus Europa ansteuert, wird nach der Einfahrt in den Hafen sofort strengstens vom Zoll kontrolliert und bis in die hintersten Winkel durchsucht. Taucher suchen sogar den Rumpf unter Wasser systematisch nach Drogenverstecken ab. Leider finden die Beamten nicht immer alles, denn so ein Containerschiff bietet unzählige Möglichkeiten, um Schmuggelgut zu verstecken, und die Gangster heutzutage werden immer dreister und einfallsreicher …

Nachdem ich herausgefunden habe, wo Emerson einsitzt, besuche ich ihn mehrmals. Laut surrend gleitet bei meinem Besuch heute das Tor zur Seite, während eine Kamera meinen Bewegungen folgt. Ich fühle mich jedes Mal ganz klein, wenn ich den Empfangsbereich des Gefängnisses betrete. Die Wachleute schauen streng, ich lasse ihre Sicherheitskontrollen über mich ergehen. Den gesamten Inhalt meiner Taschen muss ich in einen Spind einschließen, selbst meine Schuhe werden durchleuchtet. Danach werde ich in den Besucherraum vorgelassen.

Als ich Emerson das erste Mal gegenübersitze, treffe ich auf ein nervöses Wrack von einem Mann. Er ist aufgewühlt, unrasiert und von den Strapazen der vergangenen Wochen gezeichnet. Immer wieder fängt er an zu weinen. »Ich bin unschuldig«, beteuert er. »Man hat mich gezwungen, die Drogen mitzunehmen.«

In Kolumbien war er gemeinsam mit Mannschaftskameraden in einer Bar in der Nähe des Hafens einen trinken, als ihn ein einheimischer Drogenkurier ansprach und ihm viel Geld geboten hat: »30 000 Dollar – die konnte ich gut gebrauchen«, schildert er mir sein Leid. »Meine Großfamilie ist arm. Mit meinem Gehalt muss ich nicht nur meine Frau und zwei Kinder versorgen, sondern auch eine ganze Reihe von Verwandten auf den Philippinen. Alle wollen Geld von mir. Außerdem hat der Kerl mir sicher auch etwas in meinen Drink gemischt, sodass ich ganz benebelt war, als ich die Drogenlieferung angenommen habe.«

Was Emerson damals in Kolumbien nicht gewusst hat: Das lukrative Angebot diente nur als Köder. Er wurde als Lockvogel missbraucht, um den Zoll auf eine falsche Fährte zu locken. Die Verbrecherbande hatte den Behörden gezielt die Information zugespielt, dass in seiner Kabine etwas zu finden sei – um die Beamten von ihrer eigentlichen, weitaus größeren Schmuggelladung abzulenken. Emerson ist in Rotterdam bereits von den Zollbeamten erwartet worden, die bestens informiert waren. Sie nahmen ihn umgehend fest. Seither sitzt er im Gefängnis. Endstation.

Seine Frau und die zwei Kinder haben außer dem Gehalt Emersons kein Einkommen. Er macht sich Sorgen, wie sie überleben, weil er nun im Gefängnis sitzt.

»Emerson«, sage ich liebevoll, aber ehrlich, »du hast dich schuldig gemacht, als du die Drogen angenommen hast.« Dann erkläre ich ihm die Frohe Botschaft: »Jesus ist gekommen, um für Verbrecher zu sterben.« Ich beschreibe ihm, dass Jesus nicht alleine am Kreuz gestorben ist, sondern dass es drei Kreuze für drei Personen waren, die nebeneinander hingerichtet worden sind. »Neben Jesus hing ein Dieb und Mörder, der sich im Sterben noch Jesus zugewandt hat. Dieser Verbrecher hat sich Jesus anvertraut, und Jesus hat ihm alle Schuld vergeben, deshalb ist er heute bei Jesus im Himmel ...«

Ein paar Minuten später ist die Besuchszeit vorbei und die Wache führt Emerson wieder hinaus. Tief in Gedanken lasse ich ihn zurück, setze mich in mein Auto und fahre wieder zurück in den Hafen, um noch die Mannschaften zweier Schiffe zu besuchen.

Bis zu seiner Verlegung in ein anderes Gefängnis trete ich noch einige Male durch das schwere Stahltor des Gefängnisses und besuche Emerson. Wir reden viel miteinander. Ich versuche ihm, so gut es geht, zu helfen. Bei meinem letzten Besuch fällt mir auf, dass er irgendwie verändert wirkt. Er versucht nicht mehr, sich zu rechtfertigen, sondern steht plötzlich zu seiner Tat und zeigt echte Reue. Wie ist es dazu gekommen?

Emerson erzählt, dass ihn außer mir auch noch ein Gefängnispfarrer besucht hat, der ihm eine Bibel schenkte. »Ich muss beim Bibellesen oft weinen, weil Gott durch die Worte in diesem Buch so zu meinem Herz spricht«, lächelt er. »Früher war ich nach außen hin religiös, aber in

Wirklichkeit war Gott mir egal. Durchs Lesen der Bibel hat Gott mir meine Sünde vor Augen geführt. Ich bin innerlich zusammengebrochen und habe auf meinen Knien Buße getan. Weinend habe ich mein ganzes Leben Jesus ausgeliefert. Jetzt ist es in Ordnung. Obwohl ich im Gefängnis bin, bin ich frei!«

Was Emerson dann sagt, trifft mich mitten ins Herz – noch Wochen später muss ich über seine Worte nachdenken. »Ich bin Gott so dankbar, dass man mich ins Gefängnis gesteckt hat, denn hier konnte ich Jesus begegnen. Ich möchte niemals mehr zurück in mein altes Leben«, sprudelt es aus ihm heraus.

Nicht nur er selbst, auch seine Frau teilt diese Sichtweise. In einem Brief schrieb sie ihm, dass Gott dieses Leid bewusst zugelassen hat, weil er Emerson lieb hat und sich nach seiner Freundschaft und Gemeinschaft sehnt. Gott wollte ihn wieder zurück zu sich bringen, um aus ihm einen besseren Ehemann und Vater zu machen, schrieb sie ihm.

Nach seiner Entlassung will Emerson seinen Beruf als Seemann an den Nagel hängen und zurück in seine Heimat, um bei seiner Familie zu sein. Er vertraut darauf, dass Jesus für ihn und seine Familie sorgt – und sie dürfen das tatsächlich in ihrem Alltag erleben.

Der Klavierspieler

Guus Peters, Gent

Ich stehe bei uns zu Hause im Flur und staune nicht schlecht. In meinen Händen liegt ein langer Brief aus der Türkei, von Fahti, einem türkischen Seemann, den ich gut kenne. Lange Zeit habe ich nichts mehr von ihm gehört. Sein Brief bewegt mich tief. Und ich denke an den Samstagnachmittag zurück, an dem ich ihn das erste Mal getroffen habe:

Damals bin ich an Bord eines Schiffes aus der Türkei gegangen. Das Schöne an türkischen Seemännern ist, dass sie einen meistens sehr herzlich willkommen heißen. Sie bieten mir immer etwas zu trinken an, ihren süßen Tee mag ich besonders. Ich sitze also im Pausenraum des Schiffes, trinke Tee mit ein paar türkischen Matrosen und versuche ein Gespräch anzufangen. Ich frage nach ihren Familien und wie viele Monate sie schon an Bord sind, in der Hoffnung, mit ihnen auch über den Glauben ins Gespräch zu kommen.

Plötzlich steht ein riesiger Mann in der Tür. Er hat ein kleines, blaues Neues Testament in der Hand, hebt es deutlich sichtbar hoch und fragt mit lauter Stimme: »Bist du Christ?« Etwas verblüfft und leicht eingeschüchtert sage ich: »Ja.« Da setzt sich der bullige Seebär zu mir und erzählt, dass er sein Neues Testament schon mehrmals gelesen und viele Fragen dazu hat. Ich bin mir nicht sicher, ob es weise ist, im Beisein all der anderen Seeleute darüber zu sprechen. Also biete ich ihm an, dass er mit zu mir nach Hause kommen kann, wo wir in Ruhe reden können. Da er gerade ein paar Stunden freihat, nimmt er die Einladung gerne an.

Wir fahren aus dem Hafen von Gent heraus in Richtung Terneuzen. Fahti bittet mich, bei einem Blumenladen anzuhalten, und kauft einen schönen bunten Blumenstrauß für meine Frau. Als er unser Wohnzimmer betritt und unsere Kinder sieht, freut er sich sehr. Von unserer kleinen Tochter ist er besonders angetan. Dann bemerkt er unser Klavier und fragt, ob er etwas darauf spielen darf. »Natürlich!« Als er in die Tasten greift, kommen wir aus dem Staunen nicht mehr heraus. Wie kann ein Hüne mit solchen Pranken so gefühlvoll musizieren. Unvergesslich …

Dann erzählt Fahti uns, dass er verheiratet ist und Zwillingstöchter hat, etwa im selben Alter wie unsere Tochter. Deshalb hat es ihm das Mädchen so angetan, sie hat ihn an seine Töchter erinnert, die er schon Monate nicht mehr gesehen hat.

Das Leben auf See ist hart, Seeleute aus Ländern wie der Türkei sind viele Monate am Stück auf den Ozeanen unterwegs, bevor sie, oft nur für wenige Wochen, nach Hause können. Bei Fahti jedoch ist nicht sein Vertrag das Problem. Der Hauptgrund ist, dass er von seiner Frau und seinen Töchtern getrennt lebt. Wie sehr er seine Töchter vermisst!

Während wir auf unserer Couch sitzen und eine Tasse Tee trinken, erzählt er mir aus seinem Leben. Lange schon sei er auf der Suche nach Wahrheit. Früher war Fahti Moslem. Er war viel in der Moschee und hat dem Imam zugehört. Doch der Gedanke, dass man den Koran auf Arabisch lesen muss, hat ihm einfach nicht zugesagt. Das war für ihn als Türke eine fremde Sprache, die er nicht verstand. Eine Zeit lang beschäftigte er sich mit der kommunistischen Ideologie, letztendlich konnte er aber auch in dieser Lehre keine echte Wahrheit finden. Ein paar Monate vor unserem Gespräch hatte ihm ein anderer türkischer Seemann das Neue Testament geschenkt.

Fahti hat es durchgelesen, dreimal hintereinander, denn auf See hat man manchmal wirklich viel Zeit. Was in diesem Büchlein über Jesus stand, hat ihn tief berührt. Von mir will Fahti nun wissen, was der Unterschied zwischen dem Koran und seinem Büchlein ist.

Ich erkläre ihm, dass der Koran für Muslime ein heiliges Buch ist; jeder gedruckte Buchstabe ist heilig und entsprechend vorsichtig wird es behandelt. Für mich als Christ jedoch ist die Bibel ein normales Buch, nur dass es die Geschichte Gottes erzählt, wie er die Welt liebt und retten will. Da wird Gottes Herz sichtbar. Der Koran ist voller Regeln und Gesetze, wie wir uns in allen Lebenslagen verhalten sollen. Die Bibel dagegen lehrt, dass wir alle Sünder sind und Erlösung benötigen; sie zeigt den einzigen Weg auf, wie Menschen fürs ewige Leben gerettet werden – nämlich durch Gottes eigenes Opfer, der als vollkommener Mensch auf diese Welt gekommen ist: durch Jesus Christus.

An diesem Nachmittag schenke ich Fahti einen Jesus-Film in türkischer Sprache und biete ihm an, dass er mir hinterher seine Fragen dazu stellen kann. Sein Schiff ist mehr als eine Woche im Hafen. Er verspricht mir, den Film zu schauen und wiederzukommen.

Zwei Tage später hole ich ihn erneut ab. Inzwischen hat er den Jesus-Film angeschaut, und er betont, dass er ihm sehr gefallen hat. Da sitzt mir dieser friedliche Hüne aus der Türkei gegenüber, und ich darf ihm das Evangelium erklären. Ihm erzählen, dass es bei der Botschaft von Jesus um Vergebung und Gottes Barmherzigkeit geht. Was für ein Geschenk!

Er versteht, dass Jesus für seine Sünden gestorben ist, und will es für sich annehmen. Später kommen wir auch auf seine Ehe zu sprechen. Ich habe ja keine Ahnung, was zwischen ihm und seiner Frau eigentlich vorgefallen ist. Ich sage ihm, dass es für einen neuen Christen wie ihn wichtig ist, seiner Frau zu vergeben und sich wieder mit ihr zu versöhnen – so wie Gott ihm die eigenen Sünden vergeben hat. Ob er nicht noch einmal über die Beziehung zu seiner Frau nachdenken will …

Beim Abschied erzählt mir Fahti von seinem Traum: Er will nicht mehr lange als Seemann auf einem großen Containerfrachter arbeiten, sondern ein eigenes Boot kaufen, um Touristen die türkischen Gewässer zu zeigen. Lächelnd erzählt er mir davon, bevor er wieder aufs Schiff muss. Am nächsten Tag legen sie ab. Einige Monate vergehen – bis ich heute Fahtis Brief in Händen halte.

Mit Freude lese ich seine Zeilen noch einmal. Fahti schreibt, dass er tatsächlich kein Seemann mehr ist und inzwischen sein eigenes Boot hat. Leider hat sich seine Idee als kleine Katastrophe entpuppt, er ist nämlich pleite. Aber er schreibt auch, dass ihn dies wenig bekümmert, weil er dennoch der glücklichste Mann auf der Welt ist.

Wie das? Weil er wieder mit seiner Frau und seinen Töchtern zusammenlebt – sie haben sich tatsächlich versöhnt! Seinen Glauben an Jesus lebt Fahti von Herzen, schreibt er. Er möchte sich bald taufen lassen. Sein Brief ist wie ein Geschenk von Gott. Ich bete für Fahti und seine Familie, dass Jesus sie beschützt und viele ihrer Freunde und Angehörigen in der Türkei durch sein Beispiel erkennen, dass es möglich ist, Türke zu sein und gleichzeitig überzeugt Jesus nachzufolgen …

Über Rang, Ordnung und Dienstgrade

Felix Henrichs, Rotterdam

Bevor wir für unsere nächste Geschichte eines der modernen Frachtschiffe betreten, zunächst einige Worte über die Dienstgrade an Bord: Die Mannschaft so eines Frachters ist in drei Hauptbereiche aufgeteilt, die Deckabteilung, den Maschinenraum und die Küche. Den höchsten Rang an Bord jedes Schiffes hat selbstverständlich der Kapitän inne. Er leitet die Deckabteilung, gemeinsam mit seinen Offizieren. Eine weitere wichtige Funktion erfüllt der Schiffsbetriebsmeister oder Bootsmann, er fungiert als Vermittler zwischen den Offizieren und den Matrosen, die an Deck arbeiten. Auf manchen Schiffen gibt es auch Kadetten, das sind die Auszubildenden zum Offizier.

Der Maschinenraum wird vom Chefingenieur beziehungsweise Ersten Ingenieur geleitet. Er hat den zweithöchsten Dienstgrad überhaupt, direkt unter dem Kapitän, denn er trägt eine enorme Verantwortung. Der Chefingenieur ist für den Schiffsdiesel und all die Maschinen und Generatoren unter Deck zuständig, die den Betrieb des Schiffes auf dem Ozean sicherstellen. Ihm stehen ein bis drei weitere Ingenieure zur Seite, je nach Größe des Frachters. Dazu gibt es meistens noch »Oiler« und »Wiper«, Matrosen, die helfen, die Maschinen instand zu halten.

Der Leiter der Schiffsküche ist der Erste Koch, auf größeren Schiffen stehen ihm ein Zweiter Koch sowie Stewards und »Messmen« zur Seite, die für die Ordnung im Speisesaal zuständig sind und die Mannschaft und Gäste bedienen. Aber jetzt zurück zur eigentlichen Geschichte:

Kevin war völlig am Ende

Felix Henrichs, Rotterdam

Auf dem kleinen, blaurot gestrichenen Containerfrachter herrscht eine beklemmende Atmosphäre. Seeleute mit Helm und rotem Overall hechten an mir vorbei auf ihre Posten. Keiner hat Zeit. In der Mannschaftsmesse schlingen zwei Filipinos ihr Mittagessen hinunter. Sofort müssen sie weiter, zurück an die Arbeit. Keine Zeit für Gespräche. Enttäuscht steige ich die enge Treppe nach oben und suche das Büro des Schiffs in der Nähe der Brücke, um meine Papiere von einem der Offiziere abstempeln zu lassen. Hier sitze ich wenig später Kevin gegenüber, dem Ersten Offizier.

Kevin stammt von den Philippinen. Selten ist mir ein Seemann begegnet, der so niedergeschlagen aussah wie er in diesem Moment. Als ich ihn frage, wie es ihm geht, beginnt er mit traurigem Blick zu erzählen.

Kevin ist überzeugter Christ, er stammt aus Davao auf der Insel Mindanao im Süden der Philippinen. Seine Frau und seine kleine Tochter vermisst er schrecklich. Seit acht Monaten muss er ununterbrochen auf dem Schiff Dienst schieben. Die Reederei setzt ihn stark unter Druck. Sein Schiff pendelt nur auf den Kurzstrecken in Europa hin und her, von einem Hafen zum nächsten. Die Mannschaft ist nur wenig auf hoher See, wo sie sich etwas erholen könnten. Liegt das Schiff im Hafen, müssen sie extrem hart arbeiten, denn das Be- und Entladen geschieht unter enormem Zeitdruck. Kevin ist fix und fertig.

Eigentlich will er seinen Vertrag vorzeitig beenden und nach Hause zurück. Doch das könnte das Ende seiner Karriere bedeuten, einen Posten als Erster Offizier findet man nicht jeden Tag. Er weiß nicht mehr ein noch aus.

An dem Tischchen in seinem Büro höre ich ihm zu und versuche, ihn zu ermuntern: »Kevin, Gott macht keine Fehler«, sage ich. »Er hat dich bewusst in diese Situation hineingestellt, um dir zu zeigen, dass du ihn brauchst und ohne ihn nichts tun kannst. Bitte vertraue Gott und lege deine Situation in seine Hände, er wird dir Kraft geben. Er ist bei dir, auch heute, und auch zu Hause bei deiner Familie.« Ich kopiere ihm ein paar passende Predigten auf seinen Laptop und bete mit ihm. Dann umarme ich ihn und gehe aufs nächste Schiff.

Der Frachter, auf dem Kevin Erster Offizier ist, kommt in den Monaten darauf regelmäßig nach Rotterdam, immer wieder besuche ich ihn. Er muss zwar nicht weniger arbeiten, aber von Mal zu Mal wirkt er fröhlicher. Immer öfter sehe ich ihn lächeln. Kevin erlebt mit, wie Jesus unser Gebet erhört und ihm hilft. Durch meine Freundschaft zu Kevin komme ich auch mit anderen Seeleuten auf seinem Schiff ins Gespräch. Selbst der Kapitän freut sich heute, wenn ich an Bord komme, denn er hat miterlebt, wie gut Kevin meine Besuche getan haben.

Jedes Mal beten Kevin und ich zusammen, und wir legen seine Situation erneut in Gottes Hand. Nun will er bis zum Ende seines Vertrags durchhalten. Und natürlich umarmen wir uns immer zum Abschied. Kevin ist mir ein echter Freund geworden.

Dann kommt der Tag, auf den Kevin und ich so lange gewartet haben – sein Vertrag endet endlich. Bei unserer letzten Begegnung auf dem kleinen Frachter steht mir ein völlig veränderter Mensch gegenüber. Obwohl er zwei Tage am Stück durcharbeiten musste, strahlt Kevin übers ganze

Gesicht. Wir freuen uns beide, dass er dank der Hilfe Gottes bis zum Ende seines Vertrages durchgehalten hat. Bald ist er wieder zu Hause und kann seine Frau und Tochter wieder in die Arme schließen.

Seine Beziehung zu Jesus hat in den vergangenen Monaten eine neue Dimension erreicht. Kevin hat erlebt, wie Jesus Kraft gibt und ermutigt, selbst wenn nicht immer alles glattläuft. Und Jesus hat mich im rechten Augenblick zu ihm aufs Schiff geführt. Jesus weiß, was die Seemänner brauchen. Manchmal ist es einfach nur ein guter Freund …

Nachdem Kevin und ich uns eine Weile unterhalten haben, gehe ich in den Speiseraum des kleinen Frachters zurück, wo der Smutje (Schiffskoch) gerade Pause macht. Ich trinke eine Tasse Kaffee mit ihm, und wir kommen ins Gespräch. Als er merkt, dass ich Pastor bin, bittet er mich von sich aus, ihm die Botschaft der Bibel zu erklären, was ich gerne tue. Nach einiger Zeit erzählt mir der Koch, wie wichtig Kevin ihm geworden ist:

»Weißt du, Felix, ich habe schon lange über Jesus nachgedacht«, beschreibt er seine Gefühle. »Aber erst auf diesem Schiff ist mir bewusst geworden, dass ich Jesus als Erlöser brauche – und zwar, weil ich Kevin hier getroffen habe. Kevin ist mir ein großes Vorbild, ich sehe Jesus in ihm. Er hat so viel Stress und ist trotzdem geduldig und freundlich. Seit ich Kevin kenne, weiß ich, dass Jesus echt ist und wirklich hilft. Ich möchte Jesus in mein Leben einladen …«

Später erzähle ich Kevin von dieser Begegnung. Ihm fehlen die Worte, so überwältigt ist er von der Größe Gottes. Obwohl er sich schwach und verlassen gefühlt hat, hat Gott ihn gebraucht. Ohne es zu merken, hat er einem seiner Kollegen den Weg zum Leben gezeigt. Voller Freude ist Kevin nach Hause zurückgekehrt.

Gottes Liebe weiterschenken …

Felix Henrichs, Rotterdam

Uns Seemannsmissionaren ist es wichtig, den Männern auf den Schiffen auch in praktischer Hinsicht zu helfen und ihnen ihren oft überaus harten Alltag erträglicher zu machen. Die Liegezeiten der meisten Schiffe sind zwar eher kurz, was unsere Möglichkeiten einschränkt, doch wir tun, was wir können und nutzen jede Chance, den Seeleuten zu helfen:

Beispielsweise bringe ich vielen Mannschaftsangehörigen von Schiffen günstige Telefonkarten vorbei, damit sie ihre Familien zu Hause anrufen können. Oder ich kaufe für sie ein, wenn sie etwas dringend benötigen, wie Hygieneartikel oder Schulmaterial für die Kinder zu Hause. Sie haben in den Häfen ja kaum Zeit, um selbst einkaufen zu gehen. Oder ich bringe ihre Briefe zur Post.

Auch gute gebrauchte Kleidung ist gefragt. Zudem habe ich inzwischen einige ältere Damen in holländischen Gemeinden motiviert, dass sie uns warme Mützen stricken, die unter die Helme der Männer passen. Die meisten der Seemänner kommen ja aus eher warmen Gefilden, im Winterhalbjahr leiden sie deshalb unter den Temperaturen in Europa und freuen sich sehr über die Wollmützen und warme Kleidung, die wir ihnen schenken.

Manchmal liegt ein Schiff dann doch länger im Hafen als geplant, beispielsweise wenn ein Schaden behoben werden muss. Dann hat die Mannschaft plötzlich viel Zeit, viel mehr als sie sich eigentlich wünscht. In solchen Situationen nehme ich Einzelne mit in die Stadt oder zu uns nach Hause. Nach den Monaten auf See ist dieser Szenenwechsel etwas Besonderes für sie. Endlich mal weg von der ständigen Geräuschkulisse im Hintergrund durch die unaufhörlich laufenden Dieselaggregate, die das Schiff mit Strom versorgen. Die meisten müssen sich erst wieder an die Stille in der freien Natur gewöhnen. Oft entstehen bei Landausflügen und Spaziergängen die besten Gespräche. Gleichzeitig tun sie den Matrosen gut.

Während im Hafen Zeit meist ein überaus knappes Gut ist, plagt die Seeleute unterwegs auf den Ozeanen eher die Langeweile. Mit den Monaten an Bord gehen ihnen die interessanten Filme, Bücher und Gesprächsthemen aus. Deshalb organisieren meine Kollegen und ich manchmal auch größere Geschenke, die den Mannschaften helfen sollen, ihre freie Zeit an Bord gemeinsam sinnvoll und fröhlich zu gestalten. Vor einer Weile beispielsweise hat mein Freund

und Kollege Wout de Vries einen funktionstüchtigen, fast neuwertigen Kickerkasten in unserem Literaturlager abgestellt, den eine Gemeinde uns geschenkt hat. Dort stand er eine Weile, während ich mich nach dem passenden Schiff dafür umgesehen habe.

Zu dieser Zeit besuchte ich einen kleinen Containerfrachter, der alle zwei Tage Rotterdam anläuft. Er pendelte wie eine Fähre zwischen dem Festland und Großbritannien hin und her. An Bord traf ich auf den philippinischen Bootsmann Long, der in unserem Gespräch eher beiläufig den Satz fallen ließ: »Ich wünsche mir, dass unsere Mannschaft mehr Zeit miteinander verbringt und sich sportlich und spielerisch betätigen kann.«

Das war das Stichwort. Ich fragte nach, wie er sich das vorstellt. Da erzählte er mir, dass er eigenhändig eine Dartscheibe und ein Schachspiel gebastelt hatte. Mir wurde klar, dass ich unseren guten Kickerkasten auf dieses Schiff bringen sollte. »Wollt ihr vielleicht einen Kicker haben?«, fragte ich Long. Erstaunt blickte er mich an. Zunächst wollte er es gar nicht glauben. Vor allem nicht, als ich sagte, dass sie ihn wirklich geschenkt bekommen. Doch dann strahlte er mich an und rief: »Na, klar!«

Eine Woche später fuhr ich mit dem Kickerkasten im Kofferraum erneut an das Schiff heran. Der Bootsmann und ein weiterer Matrose halfen mir, alle Teile an Bord zu wuchten. Im engen Speiseraum bauten wir ihn gemeinsam wieder zusammen. Sogleich gab es das erste Match – der neue Kicker wurde ausgiebig getestet. Es war eine Freude, den Asiaten zuzuschauen, wie sie mit lautem Gelächter, immer zwei Mann auf jeder Seite, den Ball ins gegnerische Tor droschen. Seitdem bin ich auf dem kleinen Containerfrachter ein gern gesehener Gast.

Durch solche kleinen und großen Hilfsdienste bringt die Seemannsmission den Mannschaften an Bord ganz praktisch Gottes Liebe nahe. Das kommt an und öffnet uns die Herzen.

Be'er Lahai Roi, verdursten oder leben?

Guus Peters, Antwerpen

Kurz nach den furchtbaren Terroranschlägen auf das World-Trade-Center in New York am 11. September 2001 besuche ich ein Schiff aus Ägypten. Ich gehe die Schienen am Pier entlang, vorbei an den fetten, glänzend schwarzen Pollern, an denen das ägyptische Schiff mit armdicken Trossen befestigt ist, und vorbei an den roten Containerbrücken, um pünktlich zur Mittagspause ihre Messe, den Speisesaal, zu betreten. Dort sitzt schon eine Gruppe Männer und trinkt Tee. Schnell machen sie einen Platz für mich frei. Die Wände sind mit Holzmusterfolie beklebt, was dem Raum ein eher düsteres Ambiente verleiht, in einer Ecke plärrt der Fernseher.

Die ägyptischen Seeleute in ihren grauen Overalls bombardierten mich sofort mit Fragen: »Du bist doch Christ und Pastor, was ist deine Meinung zum 11. September, zu Saddam Hussein und zu George Bush?« Ich setze mich; noch etwas verhalten antworte ich: »Diese Anschläge sind ein Verbrechen gegen Gott, weil dort so viele Menschen, wertvolle Geschöpfe Gottes, umgebracht worden sind … Wir sollten nicht Politikern wie Saddam Hussein oder Präsident Bush folgen – als Christ will ich nur Jesus nachfolgen.« Diese Antwort haben die Männer nicht erwartet, gespannt hören sie mir weiter zu.

»Eure Heimat Ägypten hat in der Vergangenheit eine wichtige Rolle in Gottes Heilsplan gespielt, das wird auch in Zukunft wieder so sein. Schaut einmal nach, was in der Bibel dazu steht.« Ich angle meine Bibel aus der Tasche, schlage Jesaja 19,23-25 auf und lese ihnen vor, wie Gott ihre Heimat würdigt: »Gesegnet sei Ägypten, mein Volk ... mein besonderes Eigentum!« Dann erzähle ich ihnen die Geschichte der Ägypterin Hagar aus dem ersten Buch Mose.

Einen der Männer, Karim, trifft die Botschaft mitten ins Herz. Er lädt mich ein, am Abend wiederzukommen, damit ich alles noch einmal genauer erklären kann. Ich bin sprachlos. Es ist das erste Mal, dass ich an Bord eines Schiffes mit überwiegend muslimischer Besatzung eingeladen bin, um eine Bibelstunde zu halten.

Am Abend warten sieben Ägypter auf mich, die sichtlich gespannt sind, was ich ihnen aus der Bibel weitergeben werde. Zuerst essen wir gemeinsam zu Abend. Die Orientalen sind unglaublich gastfreundlich, das war schon vor 2000 Jahren zu Zeiten von Jesus so. Jesus hat den Menschen die Geheimnisse des Glaubens oft während der Mahlzeiten erklärt, denn beim Essen sind die Menschen entspannt: Es entstehen ein natürlicher Austausch und gute Gemeinschaft.

Ich schenke jedem eine arabische Bibel. Dann frage ich sie, ob sie an Träume und Visionen glauben. Karim bejaht und erklärt mir, dass es in Ägypten völlig normal ist, wenn Menschen Traumdeuter aufsuchen. »Aber die letzte Offenbarung Gottes ist Mohammed gegeben worden«, schränkt er sofort wieder ein. Ich hake nach: »Wisst ihr auch, wer die erste arabische Frau war, der sich Gott so geoffenbart hat?« Gespannt schauen sie mich an, und ich erzähle ihnen noch ausführlicher von Hagar aus dem ersten Buch Mose, Kapitel 16 bis 21.

»Gott hat Hagar, die Vorfahrin der Araber, in seinen Rettungsplan für die gesamte Menschheit mit eingebaut«, beginne ich diese ungewöhnliche Bibelstunde auf den gemütlichen, etwas abgewohnten dunkelbraunen Sofas in ihrem Aufenthaltsraum, während sieben Augenpaare mich neugierig mustern. »An Hagar wird etwas von Gottes Plan für die Vergangenheit, die Gegenwart und die Zukunft der gesamten Menschheit sichtbar. In 1. Mose 21, Vers 17 und 18, sagt Gott: ›Hagar, was ist mit dir? Hab keine Angst! Gott hat das Weinen deines Sohnes gehört, der dort liegt. Steh auf, nimm den Jungen (Ismael, den Stammvater der Araber) und halte ihn fest an der Hand, denn ich werde seine Nachkommen zu einem großen Volk machen.‹ Da öffnete Gott Hagar die Augen, sodass sie einen Brunnen entdeckte. Dort füllte sie ihren Wasserschlauch und gab dem Jungen zu trinken.«

Aufmerksam hören die Ägypter mir zu. »In 1. Mose 16 sehen wir, dass Hagar den Weg, den Gott mit Abraham und seiner Frau Sara gehen wollte, nicht respektiert hat«, erkläre ich. »Hagar suchte nicht nach Gott, doch Gott hat sie gesucht. Er zeigte sich ihr am Brunnen ›Be'er Lahai Roi‹ (Brunnen des Lebendigen, der mich sieht). Wörtlich übersetzt heißt Lahai Roi ›sehend und lebend‹. Am selben Brunnen begegnet später Isaak seiner Rebecca (1. Mose 24,62 f) und die beiden wohnten dort (1. Mose 25,11). Diese Bibelverse kann man prophetisch deuten: Das Licht des Messias, Jesus Christus, wird über dem ganzen Zelt Abrahams aufgehen. Und wenn Gott sich der muslimischen Welt offenbaren wird, dann wird auch Israel sicher an diesem Brunnen leben können.

Im Moment suchen weder Israel noch die muslimische Welt nach Gott«, fahre ich fort. »Beide folgen nur den Gesetzen und Regeln einer toten Religion. Geistlich gesehen seid ihr Araber wie eure Urahnin Hagar verzweifelt auf der Suche nach lebendigem Wasser. Dabei habt ihr doch den Brunnen vor eurer Nase: Jesus Christus. Er ist der wahre Brunnen ›Be'er Lahai Roi‹. Wenn ihr Jesus als Retter annehmt, dann wird eure Seele nicht weiter dürsten. Dieser Brunnen hat genug frisches Wasser für alle – und ihr werdet leben – gemeinsam mit eurem Halbbruder Israel.«

Ich schaue rundum in staunende Gesichter. Die Ägypter freuen sich sichtlich über die Kraft der Bibelworte, und dass ihr Volk eine so große Verheißung von Gott mitbekommen hat. Mancher aus der Gruppe denkt ernsthaft nach, ob sich der Jesus-Weg lohnen würde. Ich fahre fort: »Ägypten und Israel werden ein Segen für die Welt sein, aber nur, wenn ihr Jesus als euren Retter annehmt. Ihr habt die Wahl, was wollt ihr? Verdursten oder leben?«

An diesem wunderschönen Abend reden wir noch lange miteinander über den Glauben sowie über die Rolle der Ägypter und Araber in der Weltgeschichte. Mit der Zeit stehen einzelne der Männer auf und gehen nachdenklich zu Bett oder zurück an ihre Arbeit. Nur Karim bleibt zurück. Er hat Tränen in den Augen und fragt mich: »Können wir Morgen noch einmal miteinander reden, nur du und ich?«

Am nächsten Tag hole ich ihn an seinem Schiff ab. Während wir in einem Wäldchen spazieren gehen, legt er mir die Hand auf die Schulter und fragt, was er tun soll: »Wie macht man das, Jesus annehmen? Wie geht das genau?« Wir nehmen uns Zeit, und ich erkläre es ihm noch einmal. Am Ende beteuert er: »Ich möchte Jesus als meinen Retter annehmen.« Daraufhin erkläre ich ihm, wie man betet, und lade ihn ein, es Jesus in seinen eigenen Worten zu sagen. Gemeinsam falten wir auf einer einsamen Waldlichtung unter freiem Himmel die Hände, Karim schließt die Augen und betet: »Danke Gott, dass du mir durch Jesus meine Sünden vergibst … Amen.«

Dann fragt er mich, ob er den anderen an Bord sagen soll, dass sein Leben nun ganz Jesus gehört. Ich rate ihm: »Sei zunächst vorsichtig und hör auf Gottes Stimme in deinem Herzen. Erzähl es zuerst besser nicht in der großen Gruppe. Aber wenn du im Gespräch mit einer einzelnen Person den Eindruck hast, dass du von Jesus erzählen sollst, dann tu es. Vor allem wenn du siehst, dass sich jemand wirklich für Jesus interessiert. Erzähl es ihm in einem persönlichen Gespräch, so wie ich heute hier im Wald. Du hast mich doch auch gebeten, mit dir zu reden, oder nicht?«

Ich habe Karim noch ein paar Mal wiedergesehen. Seit unserem ersten Treffen liest er viel in der Bibel und weiß, dass sein Name im Buch des Lebens steht. Sein Glaube an Jesus ist echt und hat schon manche Prüfung überstanden. Es lohnt sich, mit Muslimen über Jesus zu reden.

Zurückgefallen

Felix Henrichs, Rotterdam

An einem schönen Tag im März fahre ich durch das beeindruckende Containerterminal ECT-Delta. Dieser Teil des Hafens hat 16 Meter Wassertiefe, hier können also unabhängig von der Tide (Ebbe und Flut) die wirklich allergrößten Containerfrachter anlegen und ihre Ladung löschen. Heute habe ich Verstärkung mit dabei, neben mir auf dem Beifahrerplatz sitzt mein Freund Frank aus Deutschland, er gehört zu einer christlichen Gemeinde, die unsere Arbeit unterstützt. Frank, seine Frau und ihre kleine Tochter besuchen uns extra dieses Wochenende, um ihre Freundschaft und die Verbundenheit ihrer Gemeinde mit uns als Familie sichtbar werden zu lassen. Außerdem wollte Frank mich unbedingt schon immer einmal auf die Schiffe begleiten.

Ich freue mich sehr darüber. Dass er dabei ist, erinnert mich unweigerlich an meine Anfangszeit hier im Hafen von Rotterdam, als noch alles neu für mich war. Genau wie Frank heute, war ich damals völlig überwältigt von den Eindrücken auf dem Hafengelände: all die Geschäftigkeit, die riesigen Schiffe und Kräne, die ferngesteuerten Lastwagen ohne Fahrer, die Container vom Depot zu den Containerbrücken und zurückbefördern, dazu die Menschen aus aller Herren Länder, die fremden Sprachen, Geräusche und der Geruch nach Salzwasser, Öl und Farbe.

All das erlebt Frank heute zum ersten Mal, und er kommt aus dem Staunen nicht mehr heraus. Vor allem die wirklichen Größenverhältnisse der Anlagen hier, die ich in meinen E-Mails an sie oder in einer Präsentation in ihrer Gemeinde in Deutschland unmöglich so hautnah vermitteln kann, beeindrucken ihn. Dazu der Lärm und die Gerüche …

Vor uns liegt ein großes Containerschiff mit schwarzem Rumpf. Frank versucht die Reihen der Container an Bord zu zählen. Weil es so viele sind, fängt er noch mal von vorne an. Selbst nach mehr als drei Jahren fasziniert auch mich bis heute immer noch die Größe dieser Containerriesen.

Irgendetwas zieht mich unweigerlich auf dieses Schiff, das ich noch nie zuvor hier im Hafen gesehen habe. Also parke ich mein Auto ordnungsgemäß am Heck des Frachters, gemäß der strengen Sicherheitsvorkehrungen, an die ich mich genauestens halten muss. Man darf niemals neben einem Schiff parken, weil das Auto sonst durch herabfallende Ladung schwer beschädigt werden kann. Es ist gesünder, sich daran zu halten …

Christen aus Franks Gemeinde und aus Gemeinden hier in den Niederlanden haben schöne, warme Wollmützen gestrickt, die wir den Seeleuten, die uns begegnen, schenken wollen. Gemeinsam steigen wir mit meinem Koffer voll Literatur und Filmen und unserer Tasche mit handgestrickten Mützen die lange Treppe zum Schiff hinauf. Der kleine Wachmann am oberen Ende der Gangway stammt aus Pakistan. Er begrüßt uns freundlich lächelnd und meldet unseren Besuch über sein Handfunkgerät beim Kapitän an, der uns gerne an Bord lässt.

Wir zeigen dem Wachmann die Mützen und er darf sich eine aussuchen. Jemand, der wie er aus einem tropischen Land stammt, empfindet Europa im März als bitterkalt. So eine Mütze, liebevoll in deutschen und holländischen Gemeinden gestrickt, hat schon manche Herzenstür geöffnet. Der Wachmann nimmt außerdem auch gerne einen Bibelkennenlernkurs in seiner Sprache Urdu als Geschenk in Empfang.

Der moderne Frachter hat einen Speisesaal, der diesen Namen wirklich verdient. Der helle Raum mit großen, abgerundeten Fenstern wirkt beinahe wie ein Restaurant, ordentlich mit Tischdecken ausstaffiert, auf denen glänzendes Besteck und schöne Servietten zum Essen einladen. In der Mitte richten drei Männer aus der Küche gerade das Büfett her: eine leckere Suppe, indisch gewürzte Hähnchenkeulen mit Reis und zum Nachtisch Erdbeerquark mit Sahne. Mein Freund und ich sind selbstverständlich eingeladen. Es schmeckt. Hier treffen wir zehn Filipinos, die uns gebannt zuhören, als wir ihnen die Frohe Botschaft von Jesus Christus erzählen.

Einer von ihnen heißt Bong. Er ist beinahe so groß wie ich (dazu muss man wissen, dass ich mit 1,77 Metern für einen Europäer eher klein bin) und hat ein kantiges, freundliches Gesicht mit der für seine Heimat typischen dunklen Haut. Der Reißverschluss seines dunkelblauen Overalls steht halb offen und gibt den Blick auf sein Unterhemd frei, denn hier im Inneren des Schiffes ist es eher zu warm, während draußen die Märzsonne noch nicht die Kraft hat, um die Temperatur auf ein für die Asiaten angenehmes Niveau zu erwärmen. Über der Schulter hängt sein Funkgerät an einem Gurt. Er muss jederzeit damit rechnen, dass man ihn anfunkt und zur Arbeit zurückruft.

Gebannt hört er zu, während mein Freund erzählt, was ihm Jesus Christus bedeutet: »Ich bin in einem christlichen Elternhaus aufgewachsen«, sagt Frank auf Deutsch, ich übersetze seine Worte ins Englische. »Als Kind hatte ich große Angst vor dem Tod. Ich dachte, wenn ich sterbe, komme ich in die Hölle, weil ich ein Sünder bin. Diese Angst hat mir nachts den Schlaf geraubt. Also bin ich eines Nachts aufgestanden, zu meinen Eltern ans Bett gegangen und habe ihnen davon erzählt«, schildert er Erinnerungen aus seiner Kindheit.

»Meine Eltern haben mich damals in den Arm genommen, getröstet und mir dann erklärt, dass ich keine Angst haben muss, weil Jesus für meine Sünden am Kreuz gestorben ist. Er hat für meine Schuld bezahlt. An diesem Abend haben sie mit mir gebetet, ich habe Jesus um Vergebung gebeten und ihn in mein Herz eingeladen.«

Manche unserer Zuhörer vergessen völlig zu essen, weil sie so bewegt von Franks Worten sind. Besonders als Frank hinzufügt: »Nach diesem Gebet war plötzlich alle meine Angst weg, und ich konnte wieder ruhig schlafen. Seither habe ich keine Angst mehr vor dem Tod, denn ich weiß, dass ich einmal bei Jesus sein werde, wenn ich sterbe.«

Für die Mannschaften so eines Überseefrachters ist der Tod ein Thema. Ihre Arbeit ist gefährlich. Auf See drohen ihnen Stürme und Überfälle von Piraten, dazu die Wartung der überdimensionalen Maschinen aller Art, die sich an Bord befinden. Und in den Häfen dieser Welt sind sie ständig damit beschäftigt, riesige Container oder andere sperrige und teilweise gefährliche Lasten zu verladen. Immer das Risiko vor Augen, dass sich eines der riesigen Teile verselbstständigt und jemanden einklemmt oder unter sich begräbt. Schon der kleinste Fehler an Bord eines Schiffes kann das Todesurteil bedeuten. Mit seinem Thema hat Frank eine der ganz zentralen Fragen angesprochen, die die Seeleute in ihrem Alltag beschäftigt.

Während ich noch fertig übersetze, kommen Bong plötzlich die Tränen. Die Angst vor dem Tod ist genau sein Problem. Während des letzten Urlaubs auf den Philippinen hatte er sich in einem Gottesdienst für ein Leben als Christ entschieden. Doch schon kurze Zeit später, wieder zurück auf dem Schiff, ist er in Sünde zurückgefallen, erzählt er uns weinend. Seither ist er sich nicht mehr sicher, ob er noch zu Jesus gehört. Folglich hat er wieder Angst vor dem Tod. »Es geht mir genau wie Frank in seiner Kindheit«, schildert Bong sein Problem: »Ich liege nächtelang wach und kann nicht schlafen, weil ich Angst vor dem Sterben habe und vor dem, was danach kommt…«

Lange hören wir Bong zu, wie er uns schildert, was alles schiefgelaufen ist in seinem Leben, seit er die ferne Heimat verlassen hat. Seeleute wie Bong, die fest an Jesus und die Bibel glauben und eigentlich ein sauberes, gutes Leben führen wollen, haben es schwer. Sie müssen so lange Zeit getrennt von ihren Frauen und Kindern sein, und die Versuchungen in den Hafenstädten sind groß.

An Bord der Schiffe herrscht eine strenge Hierarchie, jeder muss die Befehlskette genau kennen und einhalten, damit in kritischen Momenten, beispielsweise im Fall eines Sturms oder eines Schadens an Bord, das Schiff, die Ladung und die Mannschaft sicher ans Ziel kommen. Haben die Seeleute dann einmal in einem Hafen in der Fremde Ausgang, dann lassen manche von ihnen alle Ordnung auf dem Schiff zurück. Sie sind eine leichtes Opfer für die vielen Verführungen und Möglichkeiten, ihr sauer verdientes Geld in Bars und Bordellen auszugeben. So ist es auch Bong ergangen. Wegen seiner Schuld ist er sich nicht mehr sicher, ob er wirklich noch Christ ist und Jesus seine Gebete hört.

Wir ermutigen Bong und machen ihm deutlich, wie sehr Jesus ihn liebt: »Dein ewiges Leben hängt nicht davon ab, was du selbst tust oder lässt«, sage ich zu ihm und schlage die Bibel auf. »Schau, hier steht es, dass Jesus damals am Kreuz, vor 2000 Jahren, aus Liebe zu dir den vollen Preis für alle deine Sünden bezahlt hat, damit du fürs ewige Leben gerettet wirst. Wir können uns die Ewigkeit nicht selbst verdienen, niemand von uns, du darfst das ewige Leben als Geschenk von Gott für dich annehmen. Gleichzeitig ist es wichtig, dass du Jesus dein Leben aber auch ganz auslieferst. Dann erfüllt er dich mit dem Heiligen Geist und gibt dir die Kraft, so zu leben, dass es Gott Freude macht.«

Tief berührt faltet der Mann von den Philippinen die Hände und beginnt zu beten: »Lieber Herr Jesus, es tut mir so leid, dass ich ohne dich gelebt habe. Bitte vergib mir meine Schuld. Ich möchte dir nachfolgen und ganz für dich leben. Danke, dass du für mich am Kreuz gestorben bist, mein Leben gehört dir …« Nach diesem Gebet strahlt er uns an: »Mann, fühle ich mich befreit! Meine Angst ist weg. Vielen Dank, dass ihr auf mein Schiff gekommen seid!«

Seine Freude steigert sich noch, als ich ihm eine philippinische Tageszeitung in seiner Sprache schenke, dazu gute Bücher und christliche Schriften für sich und seine Freunde an Bord. Auf dem weiten Weg in den fernen Osten werden sie genug Zeit haben, die Sachen zu lesen. Da ihre Reise sie auch durch den Golf von Aden führt, wo bis heute mit Maschinengewehren bewaffnete Piraten ihr Unwesen treiben, beten wir noch einmal mit ihm und bitten Jesus, das Schiff, auf dem Bong arbeitet, zu beschützen.

Er begleitet uns hinunter zum Auto und will uns gar nicht mehr gehen lassen. Beim Abschied umarmt Bong uns herzlich. Tief bewegt fahren Frank und ich an diesem Abend zurück zu mir nach Hause. Frank wird die Begegnung mit Bong noch lange in Erinnerung bleiben. Wieder in Deutschland wird er seiner Gemeinde von dem philippinischen Seemann erzählen, und wie groß unser Gott ist…

Segen oder Fluch

Guus Peters, Antwerpen

In einem Containerschiff aus Saudi-Arabien sitze ich auf einem klapprigen Bürostuhl dem Zweiten Offizier gegenüber. Er heißt Abdul und kommt aus Pakistan. Abdul ist ein hochgewachsener Mann mit dunkler Haut und schwarzem Vollbart, wie ihn viele überzeugte Muslime in seiner Heimat tragen. Er ist akkurat gekleidet. In der weißen Offiziersuniform mit dunkelblauem Wollpullover wirkt er beinahe wie ein Adeliger; die Schulterklappen mit zwei goldenen Streifen verraten mir seinen Rang.

Mit der für Orientalen typischen ernsthaften Würde schaut er mich über seinen mit zahllosen Schriftstücken bedeckten Schreibtisch hinweg an. Neben ihm läuft noch der Computer, an dem er gerade gearbeitet hat, bevor ich das Büro betreten habe. Auf dem Monitor ist eine Liste mit Zahlen zu sehen.

Wir unterhalten uns über seine Herkunft und wohin die Reise geht. Irgendwie kommen wir auf den Staat Israel zu sprechen. Anfangs zeigt sich Abdul dem Volk der Juden gegenüber eher feindselig.

Ich frage, ob ich ihm zu diesem Thema ein paar Sätze aus der Bibel vorlesen darf. Er bejaht: »Gerne.« Daraufhin hole ich meine große, in schwarzes Leder gebundene Bibel aus der Tasche und schlage 1. Mose 12,3 auf, wo Gott zu Abraham sagt, dass er alle diejenigen segnet, die Abraham und seine Nachkommen segnen werden. Und dass unter Gottes Fluch steht, wer Abraham und seine Nachfahren verflucht.

»Abdul, du weißt doch, wer die Nachkommen von Abraham sind?«, frage ich. Im ersten Moment ist er sichtlich verwirrt angesichts meiner Offenheit und der Klarheit, mit der die Bibel zu ihm spricht. Er antwortet: »Die Araber – und das Volk Israel?!« Ich bejahe. Da bittet er mich, ihm genauer zu erklären, was ich damit meine und was die Bibel über das Volk Israel sagt:

»In 1. Mose 3,15 finden wir einen Grundsatz der Weltgeschichte«, zeige ich ihm auf. »Dort steht: Und ich werde Feindschaft setzen zwischen dir (Satan) und dem einen verheißenen Nachkommen von Eva, dem Messias. Satan wird dem Retter ›die Ferse zermalmen‹, was bedeutet, ihn schwer verletzen, doch der Messias wird Satan überwinden und seine Macht zerstören, das heißt viele Menschen freisetzen für Gott.

Dieser fortwährende Kampf zwischen Gut und Böse bestimmt die Weltgeschichte«, fahre ich fort. »Der böse Widersacher versucht ständig, Gottes Volk zu vernichten. Aber er kann den Messias Gottes nur in die Ferse beißen, nicht vernichten.«

Es wird ein langes Gespräch … Ich erzähle Abdul, wie sich der Hass Satans andauernd gerade gegen Israel, Gottes erstes Bundesvolk, richtet. Angefangen vom Wunsch des ägyptischen Pharaos, die Hebräer zu vernichten (2. Mose 1), über Amalek (2. Mose 17), den Amoniterkönig Balak (4. Mose 22), die Philister (1. Samuel 17), den babylonischen Regierungsbeamten Haman (Esther 3), Sanballat (Nehemia 2) bis hin in die Neuzeit, beispielsweise zu den Nazis im Dritten Reich.

Viele Menschen und Völker haben durch die Jahrtausende versucht, Israel, das Volk Gottes, auszulöschen; »Letztlich führten all diese Versuche zum selben Ergebnis: Wer sich an Gottes Volk vergreift, wird von ihm bitter bestraft«, beende ich meine Ausführungen.

Abdul lässt diese revolutionäre Botschaft an sich heran. Immer wieder fragt er nach und überlegt. Ich bitte ihn, seine bisherige Grundhaltung zu überdenken, weil sie nicht unter Gottes Segen steht. Dann lese ich ihm die Bibelworte aus Jesaja 19 vor, wo es heißt, dass Ägypten und Assyrien gemeinsam mit Israel dem Herrn dienen werden: »Sie werden gemeinsam ein Segen sein und von Gott gesegnet werden.« Und ich füge hinzu: »Abdul, möchtest du nicht auch gesegnet sein?«

Natürlich will Abdul gesegnet sein. Bevor ich aufs nächste Schiff weiterziehe, schenke ich dem pakistanischen Offizier eine Bibel und einen Jesus-Film in seiner Muttersprache Urdu. Er freut sich riesig darüber, denn es gibt nur wenig Literatur in seiner Sprache an Bord des Schiffes. Er wird die Bibel sicher in den nächsten Monaten auf See lesen.

Für mich ist die Begegnung mit ihm eine große Ermutigung. Ja, ich will auch weiterhin jede Gelegenheit nutzen, um mit Menschen über die Botschaft der Bibel zu reden.

Der Tod des Elektrikers

Felix Henrichs, Rotterdam

Heute betrete ich ein Schiff, das ich eigentlich gar nicht besuchen wollte. Ich hatte mich nur dafür angemeldet, falls der Tanker, auf den ich eigentlich wollte, Verspätung haben würde. Es heißt »Berga White«, ein nagelneuer Erzfrachter unter norwegischer Flagge. Eigentlich sollte er längst wieder auf hoher See sein, doch er liegt vier Tage länger im Hafen als geplant.

Ich fahre zum »EMO«, dem größten Erzterminal Europas auf der Maasvlakte am Ende des Hafens. Vorsichtig steuere ich meinen silbergrauen Peugeot über das schmutzige Gelände, auf dem alles mit rotbraunem Staub und Schlamm bedeckt ist, eine Landschaft wie in einem endzeitlichen Computerspiel. Vorbei geht es an Silos, schmutzigen Betongebäuden aller Art, breiten Radladern, Gelenkkippern und hohen Kohle- und Erzbergen, hindurch unter ratternden Förderbändern und gigantischen Beladekränen. Hinter zwei anderen Frachtern taucht endlich der rote Rumpf des nagelneuen Bulkcarriers auf.

Ich parke mein Auto zwischen einem Berg rostfarbenen Eisenerzgranulates und einem riesigen, abgelegten Greifer, einer Art von Baggerschaufel, die mindestens doppelt so groß ist wie mein Auto. Vor ein paar Wochen haben sie hier einen neuen Kran in Betrieb genommen – ein halbes Jahr hat es gedauert, bis er vor Ort fertig zusammengesetzt war. Ein gewaltiges Teil …

Während ich aussteige und meine Tasche fülle, wird über mir gerade ein kompletter Radlader in einen der riesigen Laderäume des Frachters gehoben. Das Fahrzeug wird im Bauch des Schiffes das Erz aus Brasilien in die Mitte des Laderaums auf die riesigen Baggerschaufeln schieben. Obwohl er fast dreimal größer als mein Auto ist, wirkt er so hoch über mir nur noch wie ein Spielzeug. Ob ich mich wohl je an die Größenverhältnisse hier im Hafen gewöhnen werde? Ich gehe wie vorgeschrieben die »Safety-Passage«, den Sicherheitsdurchgang unter den Förderbändern, hindurch, bis vor zur Kaimauer, hundert Meter an den Pollern und der Bordwand entlang, und steige auf das Megaschiff.

Die Mannschaft besteht aus indischen Offizieren und philippinischen Matrosen, dazu zwei rumänischen Ingenieuren. Der Inder, der die Gangway bewacht, grüßt freundlich, sein philippinischer Kollege führt mich sofort ins Innere zum Büro. Ich setze mich, und der Erste Offizier bietet mir umgehend und freundlich eine Tasse Tee an.

»Wie kommt es, dass euer Schiff noch hier ist?«, frage ich ihn. »Die Kräne haben einen unserer Laderäume beschädigt. Das muss erst repariert werden, bevor wir wieder in Richtung Brasilien auslaufen können«, erklärt mir der Offizier.

Während wir uns über seine Familie in Indien unterhalten, tritt der Kapitän, ein großer, kräftiger Inder mit dunklen Locken, ins Büro. Der Offizier zollt ihm Respekt, indem er unser Gespräch kurz unterbricht und seinen Platz für den Kapitän räumt.

Ich stehe ebenfalls auf und reiche ihm die Hand: »Guten Tag, Herr Kapitän. Ich bin Felix Henrichs von der Seemannsmission. Wie kann ich Ihnen und Ihrer Mannschaft behilflich sein?« Der Kapitän verzieht zuerst keine Miene. Ruhig setzt er sich hin, und ein Steward bringt ihm sofort eine Tasse Kaffee. Dann fragt er: »Können Sie für unser

Schiff beten und unsere Mannschaft segnen?« Das ist keine alltägliche Bitte …

Erstaunt frage ich ihn, was passiert ist. Da berichtet mir der smarte indische Kapitän: »Vier Tage bevor wir in Rotterdam angekommen sind, ist unser Elektriker auf hoher See gestorben. Er stammte wie ich aus Indien, und wir waren gute Freunde. Er ist nur fünfzig Jahre alt geworden. Abends vor dem Schlafengehen hat mein Freund sich wie immer in seine Kabine gesetzt und einen Roman gelesen. Doch diesmal ist er am nächsten Morgen nicht zur Arbeit erschienen. Ein Steward hat bei ihm geklopft. Weil sich drinnen überhaupt nichts geregt hat, haben wir nach einiger Zeit die Tür aufgebrochen.« Mit ernster Miene fährt der Kapitän fort: »Mein Freund saß tot in seinem Sessel – Herzstillstand! Jeder an Bord war geschockt.«

Lange höre ich dem Kapitän zu, der sichtlich erschüttert ist vom Tod seines Freundes. »Seine Familie ist extra aus Indien gekommen«, erzählt er. »Sie haben ihn einäschern lassen und seine Asche mit zurück nach Indien genommen, um sie nach hinduistischem Brauch in den Fluss Ganges zu streuen.«

Aus Erfahrung weiß ich, dass ein solches Erlebnis für die enge Gemeinschaft der Seeleute an Bord traumatisch ist und verheerende Auswirkungen auf ihre Motivation haben kann. Der Kapitän und seine Männer tun mir sehr leid. Noch einmal fragt er: »Bitte, können Sie in die Kabine meines Freundes gehen und für uns beten?« »Das tue ich gerne«, antworte ich mit Tränen in den Augen.

Ein Filipino aus der Mannschaft führt mich die Treppe einige Etagen nach oben, mit einem Kloß im Hals betrete ich gemeinsam mit ihm die Kabine des verstorbenen Elektrikers.

Hier empfängt mich Flaviu, ein stämmiger älterer Rumäne mit Vollbart und freundlichem, ernstem Gesicht. Er ist der neue Elektriker. Seinen Urlaub zu Hause bei der Familie hat er aufgrund der Tragödie abbrechen müssen. Er wirkt sichtlich gezeichnet von den Strapazen der vergangenen Tage und reagiert erleichtert, dass ein Pastor extra kommt und für alle betet.

Die Seemannsmission hat einen guten Ruf, mein Dienst als Pastor und Seelsorger wird von den Mannschaften der Schiffe geschätzt. Flaviu ist ein orthodoxer Christ, er küsst mir sogar ehrerbietig die Hand. Für ihn bin ich so etwas wie ein Priester. Obwohl mir das eher unangenehm ist, lasse ich ihn gewähren. Innerlich bitte ich Jesus, mir die richtigen Worte für ihn und die ganze Mannschaft zu geben, dass ich sie wirklich trösten kann.

Es versammeln sich immer mehr Seeleute der »Berga White« vor und in der kleinen Kabine. Schließlich fasse ich Mut, nehme meine Bibel zur Hand und lese ihnen laut in Englisch Johannes 11, die Verse 25 und 26, vor, in denen Jesus sagt: »Ich bin die Auferstehung und das Leben. Wer an mich glaubt, der wird leben, auch wenn er stirbt; und wer da lebt und glaubt an mich, der wird nimmermehr sterben.«

Mit diesen und eigenen Worten versuche ich der Gruppe von Männern Mut und Trost zuzusprechen: »Wie ihr kann auch ich nicht verstehen, warum Gott den Tod eures Freundes zugelassen hat. Aber ich bin sicher, dass er euch lieb hat und nicht im Stich lassen wird.« Dann erkläre ich ihnen kurz und einfach das Evangelium. Die Seemänner hören gespannt und sichtlich bewegt zu. Mancher der hartgesottenen Kerle, die wohl schon alles Mögliche in den Häfen rund um die Welt erlebt haben, beginnt offen zu weinen. Ihr Leid berührt mich tief.

Flaviu bittet mich im Anschluss an meine Andacht um eine rumänische Bibel, die ich ihm gerne gebe. Traurig erzählt er von den vergangenen Tagen. Er kannte seinen Vorgänger gut. Ich höre ihm eine Weile zu, gemeinsam trauern wir um seinen indischen Elektrikerkollegen. Dann hebe ich die Hände und bitte Gott laut vor der versammelten Mannschaft um seinen Segen für das ganze Schiff, für all die Seeleute an Bord und für die Familie des Verstorbenen. Ich bitte Jesus, sie alle zu bewahren und zu trösten. Danach geht jeder zurück an seine Arbeit.

»Ich komme wieder«, verspreche ich Flaviu, der sich sehr darüber freut. Als wir uns verabschieden, haben wir beide Tränen in den Augen. Tief bewegt und aufgewühlt gehe ich den weiten Weg zurück zu meinem Auto und fahre betend und weinend nach Hause …

Ein Hindu lädt zur Bibelstunde

Felix Henrichs, Rotterdam

»Felix, du bist doch Christ?« Vor mir steht der Dritte Ingenieur des zweitgrößten Erzfrachters der Welt und strahlt mich an. Das Schiff, auf dem er lebt und arbeitet, ist ein Berg aus Stahl, mehr als 300 Meter lang und 65 Meter breit. Jeden Monat kommt es voll beladen mit Erz aus Brasilien nach Rotterdam. Wenn es hier in Europas größtem Hafen anlegt, hat es an manchen Stellen nur noch einen Meter Wasser unterm Kiel. Diesen Koloss zu manövrieren ist Maßarbeit und erfordert volle Konzentration. Der Kapitän, die Offiziere und die Mannschaft sind allesamt Inder, dazu drei Filipinos.

Auf meiner täglichen Tour als Pastor und Seelsorger für Seeleute in Rotterdam fahre ich wie immer mit dem Auto durch das riesige Hafengelände voller Kräne, Container und Lastwagen, und schaue, welche Schiffe neu angekommen sind. Heute fällt mein Blick auf diesen riesigen Bulkcarrier. Ich halte an, ziehe meinen Helm mit der Aufschrift »Chaplain« (Pastor) und die neongelbe Schutzweste über und mache mich mit einem Koffer voller Bibeln, Bücher und christlicher Schriften in verschiedenen Sprachen auf den Weg über die 20 Meter lange schwankende Gangway.

An Bord begrüßt mich der Dritte Ingenieur, ein Hindu aus Südindien. Nachdem ich ihm bestätigt habe, dass ich Christ bin, fragt er: »Könntest du für uns eine Bibelstunde hier auf dem Schiff abhalten?« Nichts lieber als das. Nie zuvor hat mich ein Hindu eingeladen, für ihn und seine

Freunde eine Bibelarbeit zu halten. Ich freue mich sehr über diese Gelegenheit, Menschen aus Indien das Evangelium zu erklären. Wir setzen einen Termin für Sonntagabend fest, dann verabschiede ich mich und gehe aufs nächste Schiff weiter …

Am Sonntag, pünktlich um 18.00 Uhr, komme ich mit einem Ältesten unserer niederländischen Gemeinde und einem Freund aus Deutschland auf den Erzfrachter zurück. Jemand aus der Mannschaft lädt uns in die Messe ein, wo wir gemeinsam mit zwei Seeleuten ein leckeres indisches Abendessen genießen und anschließend vom Kapitän mit strahlendem Lächeln begrüßt werden. Sie führen uns in die Offizierslounge, ein Raum, der etwas gediegener eingerichtet ist als die anderen Aufenthaltsräume, wo schon sieben Inder auf uns warten. Der Dritte Ingenieur, der mich eingeladen hatte, ist leider nicht dabei.

Der Raum wirkt ein wenig wie ein überdimensionales Zugabteil. Ringsum Sofas, die schweren Vorhänge vor den großen Fenstern sind zugezogen, wohl weil hier meistens der Fernseher mit seichten Sendungen oder Schlimmerem läuft. Heute nicht, heute sind wir das Abendprogramm. Meine Freunde setzen sich zwischen die Inder und beginnen auf Englisch Gespräche mit ihnen, während ich auf dem Tisch vorne in der Mitte Bibeln und christliche Schriften auspacke. Dann beginnt meine Andacht in Englisch.

Ich erzähle von Paulus' Predigt auf dem Areopag, einem großen Platz in Athen (Apostelgeschichte 17), und erkläre den Seemännern, warum wir Menschen nicht durch unser eigenes Tun zu Gott kommen können, sondern nur durch das Opfer, das Jesus am Kreuz gebracht hat: Ich beschreibe ihnen, woher das Böse in der Welt und in den Herzen von uns Menschen kommt und wie sich Gott selbst in der Person

Jesus hat kreuzigen lassen, als ultimatives Opfer für alle Menschen weltweit, damit wir frei sein können.

Es herrscht Stille, die rauen Seeleute schauen ernst und sichtlich von der Botschaft berührt. Dann erkläre ich ihnen, wie sie Jesus annehmen und vom »Enemy of God« (Feind Gottes) zum »Child of God« (Kind Gottes) werden können. Es ist völlig still im Raum, die Inder hören gebannt zu. Als ich fertig bin, steht ein Matrose in ölverschmierter, blauer Arbeitskluft auf und nimmt seinen Arbeitshelm, weil er zurück in den Dienst an den Maschinen muss. Er verabschiedet sich, mit der Bitte, dass wir doch noch eine Stunde länger bleiben sollen, bis er wiederkommen kann. Denn er habe noch viele Fragen.

Die anderen setzen sich näher zu uns und beginnen, mit meinen Freunden und mir über ihre Glaubens- und Lebensfragen zu reden. Ein junger Mann mit halblangem, tiefschwarzem Haar und sehnsuchtsvollen, dunklen Augen spricht mich an. Er kommt nicht wie die anderen aus Indien, sondern von den Philippinen. Nach acht Monaten ununterbrochen auf See muss er weiter an Bord bleiben, erzählt er traurig, weil der Seemann, der ihn ablösen sollte, nicht angekommen ist. Er muss noch Monate weiterarbeiten, bevor er seine Familie wiedersehen kann. Der Schmerz und die Einsamkeit in seinen Worten berühren mein Herz.

Wir trösten ihn, so gut es geht, und beten mit ihm zusammen. Später wird er uns noch voller Stolz durchs ganze Schiff führen. Als er und die anderen Seemänner sich wieder an die Arbeit machen müssen, verabschieden wir uns von ihnen. Vier nehmen eine Bibel und einen Bibelkurs als Geschenk an.

Gerade wollen wir gehen, als drei weitere Männer den Raum betreten, deren Pause jetzt beginnt. Sie möchten ebenfalls etwas von Jesus hören. Zu meiner großen Freude ist diesmal der Dritte Ingenieur mit dabei, der uns eingeladen hatte. Spontan, diesmal zu sechst, wiederholen wir unsere Bibelstunde und freuen uns über die Offenheit der Männer im anschließenden Gespräch. Ein Mann Mitte vierzig in adretter Uniform nimmt voller Ehrfurcht eine Bibel an und beginnt sofort, darin zu lesen. Am Ende lächelt mich der Dritte Ingenieur, der uns eingeladen hat, sichtlich bewegt an und sagt: »Felix, bitte bete für mich …«

Wir sind schon Stunden auf dem Erzfrachter und wollen eigentlich gerade gehen, da nimmt uns der Kapitän lachend noch einmal zur Seite und lädt uns ein, die Brücke, den mächtigen Steuerraum, und den gigantischen Maschinenraum des Mammutfrachters zu besichtigen. Er bittet den jungen Filipino von vorhin, uns alles zu zeigen, was dem sichtlich Freude bereitet.

Die Brücke ist größer als erwartet. Vorne quer unter den Fenstern sind eine Reihe Monitore und allerlei Geräte und Konsolen mit blinkenden Knöpfen angebracht, dazwischen das irgendwie zu klein wirkende Steuerrad und mehrere Joysticks. In der Mitte des Pultes bestimmt der schöne, große, fast antik wirkende Kompass die Richtung. Er hat rund 20 Zentimeter Durchmesser und trägt die Aufschrift »Made in Kiel« – ihn braucht man, falls die ganze Technik mal ausfällt, erklärt man uns.

Als ich den Kompass betrachte, muss ich an Jesus denken, der mir und meinen Freunden den Weg weist. Im Stillen bete ich, dass viele von der Mannschaft dieses Frachters Jesus als einen verlässlichen Wegweiser für ihr künftiges Leben kennenlernen.

Gemeinsam genießen wir den Blick durch die großen Fenster der Brücke auf die mit tausend Lampen hell erleuchteten Hafenanlagen in der Dämmerung. Was für ein Panorama: die See mit den Silhouetten der aus- und einfahrenden Schiffe, links das Abendrot, rechts der schon dunkle Nachthimmel, darunter das Lichtermeer von Rotterdam.

Dann geht's mit dem Aufzug hinab zum Schiffsdiesel, ganz nach unten. Uns erwartet ein vier Stockwerke hoher Saal wie eine Turnhalle. Schon manche kleineren Ersatzteile des Megamotors unter uns, die offen parat stehen, haben die Größe eines erwachsenen Mannes. Oben auf einer Galerie über dem Zigtausend PS-starken Kraftpaket von Motor befindet sich der Arbeitsplatz des Schiffsingenieurs, sein Raum voller Regler, Schalter und blinkender Lichtchen wirkt wie das Steuerpult eines Atomkraftwerkes, beeindruckende Erinnerungen für meine Freunde und mich.

Als wir spät am Abend zum Auto zurückkehren, sind wir aber weniger von der Größe des Schiffes überwältigt, sondern vielmehr von Gottes Größe. Wie Gott die Menschen hier lenkt. Er kann es sogar einem Hindu aufs Herz legen, eine Bibelstunde zu organisieren und uns so die Möglichkeit geben, auf ihre ausdrückliche Einladung hin sieben Indern und drei Filipinos die Botschaft von Jesus ans Herz zu legen.

Fröhlich und motiviert fahren wir nach Hause zurück. In dem kleinen Vorort von Rotterdam, wo ich mit meiner Familie in einem der Häuschen im malerischen alten Dorfkern wohne, falten wir die Hände und danken Gott für den wunderbaren Abend auf dem Schiff und für die Offenheit der Seeleute.

Der große Erzfrachter hat inzwischen abgelegt und ist unterwegs auf die andere Seite der Erdkugel. Manche der Seemänner an Bord lesen wahrscheinlich heute interessiert ihre neue Bibel und haben vielleicht gerade jetzt, während Sie diese Zeilen lesen, eine Begegnung mit dem lebendigen Gott. In der Arbeit unter den Seeleuten aus aller Welt stehen die Türen weit offen, mehr noch: sie sind geradezu ausgehängt! Das mitzuerleben ist etwas ganz Besonderes.

System

Guus Peters, Antwerpen

Ein Kollege aus einem Hafen in Übersee bittet mich in einer E-Mail, Mansur zu besuchen, einen der Ingenieure auf einem iranischen Schiff. Er sorgt im Maschinenraum dafür, dass der große Motor und die vielen anderen Aggregate immer betriebsbereit sind. Ich mache mich auf in den modernen Hafen der alten, flämischen Handelsmetropole Antwerpen und suche den iranischen Frachter.

Meinem Kollegen hat Mansur ausrichten lassen, ich solle vorsichtig sein und an Bord nicht nach ihm fragen. Er werde mich schon finden. Mansur hat Angst, dass seine muslimischen Mannschaftskameraden ihm das Leben schwer machen, wenn sie merken, dass er am christlichen Glauben interessiert ist. Natürlich komme ich seiner Bitte nach.

Es dauert eine Weile, bis ich am richtigen Pier stehe und das Schiff entdecke. Ich melde mich an Bord an und setze mich zu den Matrosen an die mit blau-weiß karierten Plastikdecken überzogenen Tische im kleinen Speisesaal. Links hinter mir steht eine Mikrowelle für das kleine Gericht zwischendurch, drum herum sind Aushänge in Plastikfolie an die Wände gepinnt: Essenslisten, Dienstpläne und so weiter. Darüber hängt eine wuchtige Uhr, fast wie im Bahnhof, und ein übergroßer Lautsprecher für die Durchsagen von der Brücke.

Drei iranische Seeleute laden mich zu einer Tasse Kaffee ein. Nach der anfänglichen Plauderei gebe ich ihnen ein kleines Neues Testament und beginne, ihnen die gute Nachricht zu erklären.

Etwa eine Stunde später kommt Mansur auf mich zu und gibt sich zu erkennen, allerdings hat er jetzt über Mittag nur ein paar Minuten Zeit. Er bittet mich, um 19.30 Uhr noch einmal auf das Schiff zu kommen. Das mache ich gerne, und wir treffen uns abends wieder.

Er möchte alleine mit mir reden, was in den beengten Unterkünften des Schiffes nahezu unmöglich ist. Darum hole ich ihn ab, und wir fahren miteinander in die Stadt. Mehrere Stunden gehen wir in der malerischen Altstadt entlang der alten Patrizierhäuser spazieren und haben ein wunderbares Gespräch. Er ist so hungrig nach der Wahrheit des Evangeliums und will alles darüber wissen.

»Und, was denkst Du über Mohammed, den Propheten des Islam«, fragt er mich plötzlich. Wir setzen uns an einen der Kanäle auf eine Bank. Ich schlage die Bibel auf und zeige ihm Offenbarung 19,10: »Alle Engel weisen auf Jesus, den Messias, hin«, erkläre ich ihm, »das ist ihre Botschaft und das Wesen aller prophetischen Rede.« Eine eindeutige Aussage. Mansur überlegt, während wir weiter im Dunkeln durch einen von Straßenlaternen beleuchteten Park gehen. »Mohammed hat das nur sehr selten getan, wenn überhaupt«, antwortet Masur nachdenklich, »doch wer war Mohammed dann aus der Sicht der Bibel?«

Im Hintergrund schlendern Passanten an uns vorbei. Nach einem Moment der Stille antworte ich Mansur: »Ich denke, dass Mohammed zunächst wirklich nach Gott gesucht hat. Später ist er ein erfolgreicher Politiker und Staatsmann geworden; er hat sich große Verdienste erworben, vor allem, die vielen arabischen Stämme zu einen.« Mansur nickt, dann frage ich ihn: »Aber sind die Botschaften von Mohammed wirklich über das hinausgegangen, was uns in Jesus, dem Messias, geoffenbart worden ist?

Der Islam legt wie viele andere Weltreligionen großen Wert auf Verhaltensregeln und Gebote. Doch gibt er mir die Gewissheit, dass Gott mich am Jüngsten Tag annehmen und nicht in die Hölle schicken wird? Das ist doch die wichtigste Frage im Leben! Wer versöhnt uns mit dem allmächtigen Gott? Wer bietet dem Menschen Hoffnung, der versagt und Gottes Gebote nicht einhalten kann?«

Mansur stimmt mir zu, denn er kann diese Gedanken nur zu gut nachvollziehen. Er hat noch viele weitere Fragen; lange reden wir miteinander. Und beim Abschied erklärt er mir, dass er über alles, was mein Kollege und ich gesagt haben, nochmals gut nachdenken will.

Einige Wochen später erhalte ich wieder ein E-Mail von meinem Kollegen, der Mansur erneut getroffen hat: Mansur habe bereits einen Bibelkorrespondenzkurs abgeschlossen – mit 98,4 Prozent richtigen Antworten! Offensichtlich hat er die Botschaft der Bibel inzwischen verstanden. Und er folgt jetzt Jesus nach.

In seiner Heimat ist das nicht einfach, und auch auf dem Schiff kann er nicht mit jedem über seinen Glauben reden, sonst kommt er in Lebensgefahr. Trotz der Risiken hat er bewusst Anker geworfen in einem neuen Leben mit Jesus. Er hat erfahren, dass Jesus lebt, und eine aktive Freundschaft mit Jesus begonnen, die weit über ein religiöses Regelwerk und die Zustimmung zu theologischen Lehrsätzen hinausgeht.

Wenn ich an Mansur zurückdenke, freue ich mich besonders über die gute Zusammenarbeit mit meinen Kollegen in anderen Häfen rund um den Globus. Es ist großartig, dass wir so gut vernetzt sind und am Glauben Interessierte auch über mehrere Häfen hinweg gemeinsam begleiten können.

»Auweia, Konkurrenz!«

Felix Henrichs, Rotterdam

Oft überrascht mich Gott, indem er etwas völlig Unerwartetes tut. Ich weiß noch, wie ich eines Tages im Containerhafen von Schiff zu Schiff gehe. Es ist sonnig und warm, und eigentlich kann ich mich nicht beschweren. Trotzdem ist dieser Tag eine Herausforderung: Auf dem ersten Schiff, das ich besuche, hat niemand Interesse, weder an Jesus noch an mir noch sonst wie. Es ergeben sich nur oberflächliche Gespräche, und meinen Koffer mit christlicher Literatur hätte ich besser gar nicht erst ausgepackt.

Entmutigt sammle ich alles wieder ein, verabschiede mich, steige ins Auto und fahre ans nächste Schiff heran. Dort werde ich von einem philippinischen Seemann in den Speiseraum geführt und entdecke, dass ich nicht der erste Besucher bin.

An einem der einfachen Tische sitzen drei elegant gekleidete Leute, die ganz eindeutig zu den Zeugen Jehovas gehören, zwei Frauen und ein Mann. Vor sich auf dem Tisch haben sie ihre bunten Zeitschriften »Wachturm« und »Erwachet« in mehreren Sprachen liegen. Ich denke: »Auweia, Konkurrenz!«

Glücklicherweise zeigt niemand von der Mannschaft Interesse an ihnen. Die meisten Seeleute, die ich kenne, sind Zeugen Jehovas gegenüber sehr skeptisch eingestellt. Werden sie mir gegenüber auch so reagieren?

Schon einmal hat mich der Kapitän eines Schiffes von Bord bringen lassen, weil er dachte, dass ich ein Zeuge Jehovas wäre. Er wollte mir einfach nicht zuhören, sodass ich das Missverständnis auch nicht aufklären konnte. Ob ich heute wohl mehr Glück habe?

Ich setze mich an den anderen Tisch zu den Leuten von der Mannschaft, die gerade ihr Mittagessen zu sich nehmen. Neben mich setzt sich ein hagerer, älterer Herr von den Philippinen, der mich freundlich anlächelt. Er reicht mir einen Teller und bietet mir Essen an. Wieder einmal staune ich über die Gastfreundschaft der Filipinos.

Das Schiff ist bei Weitem nicht das größte im Hafen, doch der Koch irgendwie schon: Vor mir steht eine üppige Salatplatte mit leckeren Beilagen, daneben eine Riesenschüssel geschmortes Fleisch in Gemüse. Es schmeckt lecker, ein wenig nach Ingwer und Curry, ich liebe die asiatische Küche. Dazu reicht man mir eine gut gekühlte Fanta. Auch wenn die Neonröhren in dem kleinen Raum im Schiffsinneren noch immer kalt von der Decke leuchten, bei so einem Essen wird einem warm ums Herz.

Bei diesem Gedanken muss ich lächeln und komme mit den Männern ins Gespräch. Wir unterhalten uns über ihren Alltag. Mein Helm liegt neben mir auf dem Tisch, auf dessen Rückseite das Wort »Chaplain« (Pastor) steht. Einer der Männer fragt mich, was es damit auf sich hat. Gerne erkläre ich ihm, wer ich bin. So kommen wir auch über den Glauben ins Gespräch. Ich nutze die Gelegenheit, ihnen das Evangelium zu erklären. Dabei wandert mein Blick zum Nachbartisch, an dem die Zeugen Jehovas sitzen. Sie hören ebenfalls gebannt zu, obwohl sie demonstrativ in die andere Richtung schauen. Glücklicherweise unterbrechen sie mich nicht.

Nachdem die Männer wieder an ihre Arbeit gegangen sind, kommt die züchtig gekleidete Frau vom Nachbartisch zu mir herüber, und stellt mir Fragen über die Bibel. Wir unterhalten uns darüber, wer Jesus ist. Ich erkläre ihr deutlich, warum ich kein Zeuge Jehovas sein kann, »weil ich mir meiner Sünden bewusst bin und Gottes rettende Gnade brauche. Ich bin kein guter Mensch, der sich seinen Weg zu Gott durch eigene gute Taten selbst verdienen kann.« Sie lächelt: »Ach, sei doch nicht so hart zu dir selbst«, meint sie. Die Frau setzt sich und wir unterhalten uns noch eine Weile …

Erschöpft nach den vielen Gesprächen steige ich eine Stunde später die Gangway hinunter und gehe zu meinem Auto. »Herr Jesus«, bete ich in Gedanken. »Ich bin entmutigt und müde. Ich weiß, dass dein Wort wahr ist und die Lehre der Zeugen Jehovas viele Fehler enthält. Aber ich hätte gerne einen Beweis von dir für die Kraft deiner Gnade.« Mit diesem Gedanken steige ich in meinen Kombi und fahre die Kaimauer entlang in Richtung Hafenausfahrt und Autobahn …

Der Beweis …

Felix Henrichs, Rotterdam

Während ich noch in Gedanken versunken langsam an den vielen Schiffen vorbeirolle, fällt mir ein kleiner Containerfrachter mit stahlgrauem Rumpf und weiß-roten Aufbauten auf. Deutlich höre ich Gott zu mir reden: »Auf dieses Schiff musst du gehen, dort braucht dich jemand!«

Eigentlich bin ich hundemüde und will nur noch nach Hause. Doch der Gedanke lässt mich einfach nicht mehr los. Leicht zweifelnd halte ich beim Heck des Schiffes an, überwinde meinen inneren Schweinehund, nehme die schwere Tasche noch einmal zur Hand und klettere die Gangway hinauf an Bord.

Oben begrüßen mich freudig zwei Seeleuten aus Indonesien. Der eine heißt Jamal, ein gut aussehender, großer Mann in orangenem Overall und knallrotem Bauhelm, auf den er groß seinen Namen mit schwarzem Edding geschrieben hat. Der andere Matrose muss leider sofort wieder an die Arbeit. Doch Jamal freut sich sichtlich, dass endlich mal jemand mit ihm redet, während er an der Gangway Wache halten muss. Wie offen und freundlich er ist – im Gegensatz zu manchen seiner Landsleute, denn Indonesier begegnen mir sonst eher skeptisch und zurückhaltend.

Jamal ist anders. Von Anfang an stellt er Glaubensfragen, und wir kommen über die Kulturen und Religionen unserer Herkunftsländer ins Gespräch. »Bitte erklär mir, wie man nach dem Islam in den Himmel kommt?«, frage ich ihn. Selbstverständlich kennt er die Antwort: »Ich muss ein guter Moslem sein und alle Gebote einhalten.«

»Und, schaffst du das?«, frage ich behutsam nach. Mit ernster Miene schaut er mir direkt in die Augen – und sagt nach einer Weile: »Wenn ich ehrlich bin, nein!« Es folgt ein tiefgründiges Gespräch über seine Ängste und Zweifel.

Jamal weiß, dass er vor Gott ein Sünder ist: »Ich schaffe es einfach nicht, ein guter Mensch zu sein«, meint er. »Dann hast du ein Problem«, entgegne ich. »Denn deine Religion bietet dir keine Hilfe an.«

Ich erkläre Jamal, dass unser menschliches Herz das Problem ist:

»Jesus hat zu den religiösen Leuten seiner Zeit gesagt, dass sie wie weiß getünchte Grabhöhlen sind: außen schön sauber, aber innen alles tot. Wenn unser Herz böse ist, können wir lange so tun, als ob wir nach außen hin gut sind; Gott beurteilt uns nach dem Herzen. Du brauchst ein neues Herz, und das kann dir nur Jesus Christus geben.«

Nachdenklich fragt Jamal, wie man ein neues Herz bekommt. Selten habe ich einen derart interessierten und aufmerksamen Zuhörer wie ihn. Die gute Nachricht ist, dass Jesus, der am Kreuz unsere Schuld getragen hat, auferstanden ist und lebt. Durch ihn bekommen wir ein neues Herz; Jamal saugt meine Worte auf wie ein trockener Schwamm das Wasser. Er will es wirklich haben, das neue Herz, und zwar sofort. Direkt an der Gangway beten wir miteinander. Und so beginnt ein junger Indonesier ein Leben mit Jesus als Retter. Was für eine Freude!

Vom ersten Moment an ist er sichtlich erleichtert und befreit. Jesus hat ihm während unseres gemeinsamen Gebetes ganz offensichtlich die Last seiner Schuld genommen. Sein Herz ist neu, Jamal strahlt vor Freude. Gerne nimmt er eine Bibel, Filme und einen Bibelkurs in seiner Sprache als Geschenk an. Zum Abschied umarmen wir uns.

Während ich zurück in unser Literaturlager fahre, staune ich über Gott, wie er mich ermutigt hat. Er hat mich deutlich geführt; zu einem Seemann, der sich nach Frieden mit Gott sehnte. Einen besseren Beweis für die Kraft seiner Gnade hätte ich mir nicht wünschen können.

Liebe oder Hass

Guus Peters, Gent

Nachmittags besuche ich ein Schiff aus Algerien, das bei uns in Gent vor Anker liegt. Im Pausenraum kommt einer der Offiziere auf mich zu, ein schlanker, hochgewachsener Mann mit brauner Haut und lockigem schwarzem Haar. Er trägt Jeans und ein T-Shirt, beides ganz in schwarz, und stellt sich mir vor. Er heißt Ali.

Nachdem wir uns auf Französisch freundlich begrüßt haben, setzt er sich zu mir an den Tisch. Ich erkundige mich nach der politischen Lage in seiner Heimat Algerien. Traurig berichtet er, dass in dem Bürgerkrieg in den Jahren zuvor (1988–2002) mehr als 100 000 Menschen ums Leben gekommen seien. Sein eigener Bruder, ein Feuerwehrmann, ist während dieser schweren Zeit von der Armee erschossen worden. Es macht mich betroffen, wie viel Not er schon erlebt hat, und ich versuche darauf einzugehen:

»Was hat das damals mit deinem Herzen gemacht, als dein Bruder getötet worden ist?« Dem gebildeten Offizier stehen die Tränen in den Augen: »Es hat sich eine Menge Hass in mir angestaut«, sagt er. »Lange Zeit wollte ich nur noch den Tod meines Bruders rächen!«

Weil Ali offen über seine Rachepläne geredet hatte, ist er eines Tages verhaftet und für ein Jahr ins Gefängnis gesteckt worden. »Als ich im Gefängnis saß, ist dann auch noch unser Vater gestorben, und ich durfte nicht zur Beerdigung nach Hause. Dieser Schmerz führte zu noch mehr Trauer und Hass in meinem Herzen und diese Gefühle halten bis heute an …«

Ich versuche, den algerischen Offizier zu trösten: »Weißt du Ali, Gott kennt dein Leid. Er hat genau dieselben Schmerzen durchlitten, als die Römer vor 2000 Jahren seinen Sohn Jesus Christus am Kreuz hingerichtet haben. Darf ich dir etwas aus der Bibel vorlesen?« Er nickt, und so lese ich ihm Matthäus 27,46-57 vor. »Solchen Schmerz litt Gott, und doch hasst er die Verbrecher nicht«, erkläre ich ihm die Verse aus dem Wort Gottes.

Daraufhin schlage ich 2. Könige 6,8-23 auf. Im Bericht von Elia wird Gottes Wesen sichtbar. Gott vernichtet seine Feinde nicht. Er wählt nicht die Rache, sondern empfängt seine Feinde, bewirtet sie und lässt sie friedlich wieder nach Hause ziehen. So hat es später auch Jesus gelehrt: »Liebt eure Feinde.« Gottes Liebe überwindet den Hass.

»Hast du dich schon einmal so richtig verlaufen?«, frage ich Ali, worauf er zustimmend nickt. »Was hast du da getan, um dich wieder zurechtzufinden?« »Ich habe jemanden nach dem Weg gefragt.« »Und wie hast du dich gefühlt, als du an deinem Ziel angekommen bist?« Er antwortet: »Ich war froh und erleichtert!«

Es erstaunt mich, wie gut er – trotz des Unterschieds zwischen unseren Kulturen – die Bilder versteht, mit denen ich ihm die Botschaft der Bibel zu erklären versuche. Dann spreche ich ihn persönlich an: »Ich habe das Gefühl, dass du dich verirrt hast, Ali, und immer noch auf dem verkehrten Weg weiterläufst – auf der Straße von Hass und Rache. Gott aber möchte uns den Weg von Liebe und Gnade führen.« Das kann er nachvollziehen.

Wir reden noch den ganzen Nachmittag miteinander. Ali stellt Fragen über Fragen. Wie die meisten Muslime möchte er die Dreieinigkeit Gottes erklärt haben. Dann die Jungfrauengeburt. Und wie soll Gott gleichzeitig ein

Vater und ein Sohn sein? Themen, auf die wir Seemannsmissionare mit den Jahren vorbereitet sind. Ich antworte: »Ich als Person bin gleichzeitig der Sohn meiner Eltern, der Vater meiner Kinder und der Bruder meiner Geschwister. Trotzdem bin ich nur ein Mensch, und noch nicht einmal schizophren. Es ist also gar nicht so schwer, gleichzeitig Vater und Sohn zu sein.

Was macht dich denn zum Vater?« Ali überlegt einen Moment, dann antwortet er: »Dass ich Kinder habe?« »Es gibt aber viele Väter, die ihre Kinder extrem vernachlässigen und sie weder lieb haben noch gut erziehen. Sind sie wirklich Väter?« Er meint: »Leiblich gesehen schon.« Meine Erklärung, dass »Vater« auch ein Titel ist, bejaht er. »Diesen Titel bekommt man, wenn man seine Kinder liebt, das Beste für sie will und sie richtig erzieht«, betone ich.

»Genauso ist es mit dem Wort Sohn. Ich nenne sogar die Jungen aus meiner Fußballmannschaft meine ›Söhne‹, wenn sie gut spielen und das im Training Erlernte im Spiel auch umsetzen. Jesus kam von Gott, spiegelte Gottes Wesen wieder und tat einhundertprozentig Gottes Willen. Das meinen Christen, wenn sie Jesus als Sohn Gottes bezeichnen, nicht leibliche Abstammung, sondern dass er gleichen Charakters und Wesens ist wie Gott. Ähnlich geschieht es auch in arabischen Sprichwörtern, die eine bodenständige Person als ›Sohn des Landes‹ bezeichnen und einen bösartigen Mensch ›Sohn Satans‹ nennen. Es bezeichnet jeweils das Wesen der Person. Jesus war der einzige Mensch, der völlig sündlos lebte.«

»Es gibt keinen Menschen ohne Sünde!«, unterbricht mich Ali bestimmt. Ich bejahe: »Im Grunde hast du recht.« Dann zeige ich ihm anhand einiger Bibelverse auf, dass Jesus die Ausnahme von dieser Regel ist: »Weil er wirklich sündlos gelebt hat, konnte Jesus das vollkommene Opferlamm sein, das unsere Sünden fortgetragen hat, sodass wir Menschen frei sein können.« Ich beschreibe ihm näher, wie Jesus zum Opfer für die Sünden der Menschheit geworden ist. Da beginnt Ali zu weinen.

Er will mehr darüber erfahren, doch es ist Abend und er muss an seine Arbeit zurück. Die ganze Nacht über wird er das Abladen der Container vom Schiff überwachen müssen. Ich schenke ihm zum Ende unseres Gesprächs ein Neues Testament und einen Jesus-Film in Französisch, was er besser versteht als Englisch. Dann verabschieden wir uns herzlich.

Ali wird mir noch lange in Erinnerung bleiben. Was wohl aus ihm geworden ist? Hat er sich auf den Weg der Liebe Gottes eingelassen? Ich weiß es nicht sicher, doch ich vermute es. Denn sein Interesse war tief und echt. Auf dem Weg nach Hause bete ich in Gedanken für ihn, dass Jesus sein Herz öffnet und ihm zu einem neuen Leben verhilft. Was für ein Tag.

Verliebt, verlobt und bald verheiratet …

Felix Henrichs, Rotterdam

Wir Seemannsmissionare arbeiten weltweit als Team zusammen. Auf diese Weise können wir besonders am Glauben interessierte oder Not leidende Personen über mehrere Häfen hinweg betreuen und ihnen effizienter helfen. Außerdem bereitet uns die internationale Gemeinschaft und Zusammenarbeit über Ländergrenzen und Kontinente hinweg Freude.

Eines Morgens erhalte ich eine E-Mail von meinem Kollegen aus Dublin. Er schreibt, dass er mehrmals ein bestimmtes Schiff besucht und dort Bibelstunden gehalten hat. Auf diese Weise ist ein guter Draht zu Joe, dem jungen philippinischen Schiffskoch, entstanden.

Joe hat sich meinem Kollegen anvertraut. Er hat eine deutsche Verlobte. Der Seemannsmissionar in Dublin weiß, dass ich Deutscher bin. Er dachte sich, es wäre vielleicht gut, wenn ich Joe in seiner speziellen, interkulturellen Situation ein paar Ratschläge geben könnte, wie man mit deutschen Frauen umgeht. Darüber muss ich doch etwas schmunzeln und mache ich mich auf den Weg zu dem Containerfrachter mit Joe an Bord, als dieser das nächste Mal im Hafen von Rotterdam anlegt.

Als ich die Gangway betrete, lachen mich von oben fünf Filipinos an. Vier stehen direkt an der Reling, in ihren knallroten, fleckigen Arbeitsklamotten mit weißem Helm und Funkgerät an der Brusttasche, einer hockt eine Etage höher auf der Rampe bei den Containern.

Auf einem der vielen Balkons in den Etagen darüber tritt noch ein Offizier an das Geländer. Auch er winkt mir lachend zu. Was für ein Empfang. Sie machen eine kleine Pause und freuen sich sichtlich, dass mit meinem Besuch mal etwas Abwechslung in ihren harten Alltag kommt.

Mit etwas Herzklopfen gehe ich an Bord und treffe dort direkt auf Joe. Obwohl er 27 Jahre alt ist, schaut er, wie viele Filipinos, in unseren Augen ungefähr zehn Jahre jünger aus. Er wirkt wie 17. Joe ist schlank, hat ein freundliches Gesicht und nach oben gegeltes, kurzes, dunkles Haar. Anfangs ist er still und zurückhaltend und gibt sich schüchtern. Doch im Laufe unseres Gesprächs taut er auf und erzählt mir von seiner Familie auf den Philippinen.

Mich interessiert natürlich brennend, wie Joe seine Freundin in Deutschland kennengelernt hat. Er lächelt sichtlich verliebt. Dann beschreibt er mir in den schönsten Farben, dass er als Koch dieses Schiffes einer deutschen Reederei auch einen Kurs in Bremen absolvieren musste. Er war also ein halbes Jahr in Deutschland, um die europäische Küche kennenzulernen. Dabei lernte er noch deutlich mehr kennen und lieben, nämlich ein fröhliches, emanzipiertes Mädchen aus Norddeutschland.

Sie hatten es von Anfang an alles andere als einfach, erzählt er. Der Kulturunterschied zwischen den Philippinen und Deutschland ist schon erheblich. Auf dem Inselstaat in der Südsee ist man die direkte Art von uns Deutschen nicht gewohnt, gleich gar nicht von Frauen:

»Sie hat mich mehr als einmal sehr verletzt«, berichtet Joe, »Alles, was ihr nicht passt, sagt sie immer sofort, und sie wird dabei total deutlich … aber ich liebe sie, so wie sie ist, und ich wünsche mir mehr als alles, dass es etwas wird mit unserer Beziehung.«

Weil diese große Liebe schon einmal beinahe in die Brüche gegangen ist, freut er sich sehr über die Gelegenheit, sich heute mit mir, einem deutschen Pastor, darüber austauschen zu können. Er fragt mir Löcher in den Bauch, wie er seine deutsche Verlobte glücklich machen kann. Gibt es ein schöneres Thema? Da es auf seinem »deutschen« Schiff kein einziges deutsches Besatzungsmitglied gibt, höre ich ihm zu und versuche einfach, ihm ein guter Freund aus Deutschland zu sein. Das ist genau das, was Joe jetzt braucht.

Mit der Zeit kommen wir darauf zu sprechen, was die Bibel übers Verliebtsein sagt. Ja, er liest seine Bibel, erzählt mir Joe, aber er versteht vieles nicht. Ich erzähle ihm von König Salomo, der ja das Hohelied geschrieben hat, eine Art Liebeslied in der Bibel. »Salomo hatte einfach alles«, erkläre ich Joe, »sogar mehr als 700 Frauen, und doch war er tief in seinem Innern irgendwie unglücklich. Etwas davon spüre ich auch bei dir, Joe.«

Nachdenklich schaut er mich an. »Dieser König hatte alles, was sein Herz begehrte. Doch am Ende seines Lebens schrieb er, dass es alles bedeutungslos und leer war.« Ich biete Joe an, ihm eine gute Predigtreihe über das von Salomo verfasste Bibelbuch »Prediger« auf seinen Laptop zu kopieren. Das findet Joe super. Als ich mich verabschieden muss, lege ich den Arm um ihn und bete für ihn. Dann geht es weiter aufs nächste Schiff mit neuen Menschen und anderen Problemen weitaus profanerer Art …

Eine Woche später legt Joes Schiff wieder in Rotterdam an. Praktischerweise ist es zwei Tage immer am selben Pier und leicht zu finden. Das ist nicht selbstverständlich, denn manche Schiffe wechseln im Hafen öfter die Kais, um zu laden. Joe hat mich per E-Mail gebeten, ihn abends zu besuchen, weil er dann mehr Zeit hat.

Gegen halb neun Uhr abends parke ich mein Auto im hell erleuchteten Containerterminal und laufe die schmale Kaimauer entlang zu dem kleinen Containerfrachter mit dem dunkelgrünen Rumpf. Wenn es dunkel und alles von künstlichem Licht erleuchtet ist, hat der Hafen seine ganz eigene Atmosphäre, eine Szene wie aus einem Science-Fiction-Film.

Wieder begrüßt Joe mich freudig. Obwohl wir beide müde sind, genießen wir die gemeinsame Zeit und unser Gespräch. Der zierliche junge Mann holt eine A4-Seite hervor und zeigt sie mir; alles Notizen, die er sich beim Hören der Predigten aus meinem Bibelkurs gemacht hat. »Die sind gut, aber auch ganz schön schwere Kost«, meint der junge Schiffskoch kritisch. In seinen Notizen hat er ein Leben ohne Gott dem Leben als gläubiger Mensch gegenübergestellt und kommt zu dem Schluss, dass ein Leben ohne Jesus eigentlich sinnlos ist.

Ich bin beeindruckt und ermutige ihn, weiterzumachen, um Jesus wirklich kennenzulernen. »Nächste Woche sehen wir uns wieder«, verabschiede ich mich und fahre müde, aber zuversichtlich nach Hause.

Wieder und wieder besuche ich Joe und rede mit ihm über den Glauben. Bei einem dieser Besuche ist er plötzlich völlig verändert. Wirkte er vorher oft müde und ausgelaugt, so strotzt er diesmal vor Freude und Energie. »Was ist passiert? Ist das der Joe, den ich kenne?«, frage ich ihn verblüfft.

»Felix, ich muss dir was erzählen«, strahlt er. »Vorgestern, beim Hören einer der Predigten, die du mir gegeben hast, ist mir plötzlich klar geworden, dass ich Jesus wirklich brauche. Mir war immer alles wichtiger als er und ich habe in so vielen anderen Dingen Erfüllung gesucht. Doch dabei bin ich immer wieder enttäuscht worden. Eigentlich bin ich vor Jesus weggelaufen. Doch er hat mich nicht aufgegeben. Vorgestern habe ich Jesus mein Leben gegeben. Das hat mich so unglaublich froh gemacht…«

An diesem Abend feiern wir gemeinsam und mit uns sicher auch ein paar Engel im Himmel. Joe ist bestimmt nicht der Stärkste an Bord, aber dieser junge Schiffskoch hat in Jesus einen starken Anker gefunden, der hält. Er ist charakterlich gewachsen und hat viel mehr Hoffnung als vorher.

Auch seine Liebe zu der Deutschen hat durch seinen neuen Glauben an Tiefe gewonnen. Jesus hält die beiden zusammen, obwohl sie viel auf Distanz leben.

Die junge Frau erwartet inzwischen ein Kind von Joe, und sie wollen bald heiraten. Anfangs war sie ziemlich erstaunt über Joes Lebenswende. »Was soll das mit diesem Jesus, hat sie mich gefragt«, lächelt Joe. Nachdem er es ihr genauer erklärt hatte, freut sie sich darüber und überlegt, was die Bibel und Jesus ihr selbst zu sagen haben…

Seitdem habe ich Joe noch viele Male besucht. Er ist sehr in seiner Beziehung zu Jesus gewachsen. Wir haben die Gespräche und die Zeit miteinander immer genossen und sind zu Freunden geworden. Als ich ihn das letzte Mal besuchen komme – der junge Filipino heuert von dem Schiff ab, sodass er nicht mehr nach Rotterdam kommt –, stehen uns beiden die Tränen in den Augen. Zum Abschied beten wir füreinander.

Morgen fliegt er zurück nach Hause, und ich weiß nicht, ob ich meinen jungen Freund je wiedersehen werde. Bevor ich gehe, schenkt Joe mir sein philippinisches Kochbuch, etwas vom Persönlichsten, was er besitzt. Eine schöne Erinnerung. Ich werde sicher beim Ausprobieren mancher seiner Gerichte noch öfter an Joe denken.

Manchmal muss man die Bibel beiseitelegen

Guus Peters, Gent

Im Hafen von Gent legt ein türkischer Massengutfrachter an, dessen riesige Laderäume voll mit Erz sind, das in den Hochöfen am Rande der Stadt zu Stahl geschmolzen wird. Greifer, groß wie Einfamilienhäuser, holen den wichtigen Rohstoff aus dem Bauch des Schiffes. Die riesigen Baggerschaufeln gleiten Tag und Nacht darüber hinweg, hinunter in den Laderaum, wieder nach oben und übers Kai, um das Erz an Land zu befördern.

Ich fahre meinen Wagen unter den Rohren und Förderbändern hindurch zur Kaimauer, an der der Frachter angelegt hat, parke in der Nähe an einer sicheren Stelle, und gehe mit meiner Tasche voller Schriften in türkischer Sprache an Bord. Erzschlamm färbt meine Schuhe dunkelrot.

Auf dem Schiff herrscht ein Höllenlärm, überall Rohre und undefinierbare technische Geräte, die zischen, pfeifen und ächzen, dazwischen die Mannschaft in schmutziger Kleidung. Männer eilen hektisch hin und her, um das Ganze zu kontrollieren. Sicher kein einfacher Job. So nahe an den riesigen, offenen Deckplatten der Frachträume und Baggerschaufeln könnte die kleinste Unachtsamkeit tödliche Folgen haben.

Ich bin froh, als sich die dicke Stahltüre zu den Aufbauten am Heck hinter mir schließt und all den Lärm nach draußen verbannt. Hier im Wohn- und Aufenthaltsbereich der Mannschaft hört man nur noch das leise Summen der

Generatoren im Maschinenraum, die viele Stockwerke unter uns ihre Arbeit tun.

In einer der Lounges mit den typischen kleinen abgerundet rechteckigen Fenstern und sturmsicher am Boden festgeschraubten Tischen begegne ich Mustafa, der sich mir als Zweiter Offizier vorstellt. Als er in mir den Seemannspastor erkennt, fackelt er nicht lange. Er fragt mich ganz direkt, ob ich ein bisschen Zeit für ihn habe. Gerne setze ich mich zu ihm.

Mustafa hat die Bibel gelesen und will sie gemeinsam mit mir mit dem Koran vergleichen. Solche Streitgespräche mag ich eigentlich gar nicht, weil sie meistens zu nichts führen. Was hilft es, wenn nur Vorurteile und Argumente aufeinanderprallen, und man das Gegenüber und seine wirklichen Sorgen nicht kennenlernt. Deshalb schlage ich Mustafa vor, dass wir den Koran und die Bibel zunächst beiseitelegen und einfach nur »von Herz zu Herz« miteinander reden. Einen Moment überlegt er. Mein Blick fällt dabei auf die Holzpaneelen an der Wand und das dunkel gerahmte Gemälde des türkischen Bulkcarriers auf stürmischer See. Dann lässt sich Mustafa auf meinen Vorschlag ein.

Der Offizier sitzt in seiner Freizeitkleidung vor mir, während wir uns unterhalten. Er trägt braune Cordhosen, ein hellgelbes Hemd, Brille und einen ordentlich gestutzten Schnurrbart. Mustafa ist ein intelligenter Mittvierziger, der viel weiß und sich nicht mit Floskeln zufriedengibt, weder vonseiten der Muslime noch von mir als Christ. Seine Haltung gefällt mir, weil er interessiert ist an Glaubensfragen, aber nicht einfach alles schluckt, was man ihm sagt.

Ich frage Mustafa: »Hatte Abraham einen Koran?« Er antwortet: »Nein.« »Hatte Abraham eine Bibel?«, überlegen wir weiter. »Nein, auch das nicht.« »Wie hat Gott dann mit

Abraham geredet?« Mustafa denkt einen Moment nach, dann kommt er zu dem Schluss: »Ganz direkt, Gott muss irgendwie ganz direkt mit Abraham gesprochen haben.«

Das ist einleuchtend, und ein wesentlicher Bestandteil des christlichen Glaubens: »Genauso möchte Gott heute mit dir reden«, gebe ich dem türkischen Offizier zu verstehen. Anhand von Beispielen aus meinem Leben verdeutliche ich ihm, dass man Gott auch heute im Alltag wirklich so erleben kann, und dass er zu Menschen redet. Ich erzähle ihm, wie man als Christ manchmal einfach Gottes Stimme im Inneren hört und deshalb weiß, was Gott von einem möchte oder was er als Nächstes tun wird. Mustafa ist schwer beeindruckt, so etwas kennt er aus dem Islam nicht.

Es macht Freude, mit Menschen wie ihm über den Glauben zu reden. Mit der Zeit kommt unser Gespräch auf Abraham. Wie Gott von dem religiösen Urvater der Muslime, Juden und Christen verlangt hat, seinen Sohn zu opfern … und doch am Ende dem Kind das Leben geschenkt und selbst für ein anderes Opfer gesorgt hat. »Was bedeutet das?«, möchte Mustafa wissen. »Gott wollte Abraham klarmachen, dass unsere menschlichen Opfer und guten Taten nicht ausreichen, um uns zu retten. Deshalb hat er sich selbst um das Opfer gekümmert: Jesus war Gottes Opferlamm. Er ist schon vor langer Zeit für dich gestorben, damit deine Sünden vergeben sind …«

Mustafa sagt: »Genau das will ich. Ich will, dass Gott mir meine Sünden vergibt!« So darf ich an diesem Abend einen türkischen Muslim auf den »Jesus-Weg« führen.

Eine Frage des Geldes …

Felix Henrichs, Rotterdam

Wieder ein neues, mir unbekanntes Schiff – diese Situation erlebe ich häufig. Es ist die große Herausforderung für mich als Seemannsmissionar, dass ich mich ständig auf neue Menschen und Situationen einstellen muss. Meist habe ich vorher keine Ahnung, was mich an Bord erwartet. So auch an diesem Morgen.

Ich betrete einen mittelgroßen Containerfrachter im älteren Teil des Hafens. Das Schiff ist schon ziemlich betagt und von Rost zerfressen. Der beißende Geruch nach Öl und frischer Farbe steigt mir in die Nase. Die Frachter sind aus Stahl und schwimmen ständig im Salzwasser, deshalb kämpfen die Mannschaften im Grunde ständig gegen Rost und Zerfall an und müssen dauernd neu streichen, das ist viel Arbeit.

An Bord begegnet mir ein Sammelsurium an Männern unterschiedlichen Alters und verschiedener Nationalitäten. Da ist ein großer, älterer Russe, der mir erzählt, dass er zu Hause Zoff mit seiner Frau hat. Dort ein junger Kadett aus Myanmar, dem ehemaligen Burma, der zum ersten Mal ein ganzes Jahr von zu Hause fort ist und sich einsam fühlt. Die einen sind Junggesellen, die anderen Familienväter. Auf demselben Schiff arbeiten Hand in Hand junge Kerle, kaum dem Teenageralter entwachsen, und Männer, die deren Großväter sein könnten. So manche ihrer Ehen ist durch das harte Leben an Bord in die Brüche gegangen. Jeder hat seine eigene Geschichte. Auch Renante, der mir heute begegnet:

Wie die meisten Seeleute, die derzeit auf den Ozeanen der Welt unterwegs sind, stammt Renante von den Philippinen. Er ist mit Mitte 20, noch recht jung und unerfahren. Zu Hause geht er gerne in die katholische Kirche, doch wie viele seiner Landsleute versteht auch er das Christentum eher als eine Art religiöse Tradition, in die man hineingeboren wird. Die Bibel liest er zwar ab und zu, aber er versteht nicht viel davon.

Ich stelle mich Renante vor und drücke ihm eine christliche Schrift in Form eines riesigen 100-Dollar-Scheines in die Hand. Er lacht, als er die »Blüte« sieht, und beginnt sofort, den Text auf ihrer Rückseite zu lesen. Dabei wird er nachdenklich. Mehrfach nickt er und murmelt zustimmend. Nach einer Weile legt er den großen Schein auf den Tisch und sagt nur: »Stimmt!«

»Was stimmt?«, frage ich nach und setze mich ihm gegenüber in der Mannschaftsmesse hin. »Dass ich ein Sünder bin und die Gebote Gottes nicht einhalten kann – das stimmt«, erklärt mir Renante. »Ich bin ein Lügner. Gestohlen habe ich auch schon, und lüsterne Gedanken habe ich jeden Tag. Also bin ich in Gottes Augen auch noch ein Ehebrecher. Was da auf deinem Zettel steht, ist die Wahrheit. Ich will ja ein guter Mensch sein, aber irgendwie klappt das nicht, ich tappe immer wieder in die Falle und mache gravierende Fehler, verletze andere Menschen oder halte mich nicht an das, was Gott gut findet.«

Auf dem »Geldschein« sind unter der Überschrift »In God we trust«, die sich auch auf den echten amerikanischen Dollarnoten wiederfindet, eigentlich nur die Zehn Gebote und eine sachliche Erklärung dazu abgedruckt. Die Worte aus der Bibel haben ihm wie ein Spiegel gezeigt, dass er es nicht schafft, sich an die grundlegendsten Regeln seines eigenen Glaubens zu halten. Darüber kommen wir ins Gespräch.

Ich kann Renante erklären, dass alle Menschen ohne Ausnahme vor Gott schuldig sind. »Da Gott ein gerechter Richter ist, kann er uns aber nicht so einfach begnadigen und freisprechen, dann wäre er ja korrupt.« Das versteht Renante gut, denn in seiner Heimat gibt es viel Korruption. »Aber wie können wir dann gerettet werden?«, fragt er ernst. »Dann ist ja jeder vor Gott ein Krimineller?«

»Im Grunde stimmt das«, antworte ich ihm. »Deshalb können wir Menschen uns auch nicht selbst retten, egal wie viele gute Sachen wir machen. Jesus ist der Einzige, der uns retten kann. Er hat als einziger Mensch überhaupt Gottes Gebote perfekt gehalten und durch seinen Tod am Kreuz und seine Auferstehung den Weg zu Gott für dich frei gemacht. Wenn du Jesus annimmst, vergibt Gott dir und adoptiert dich in seine weltweite Familie. Dann wirst du ein Kind Gottes. Möchtest du das?«

»Klar möchte ich das«, sagt Renante sichtlich bewegt und mit Nachdruck. Nach unserem Gespräch beten wir in seiner Kabine und er nimmt Jesus als Herrn und Erlöser an. Als ich eine halbe Stunde später von Bord gehe, strahlt er vor Freude.

Die syrische Insel Arwad

Guus Peters, Antwerpen

Ich habe schon viele Schiffe aus Syrien besucht. Dabei ist mir aufgefallen, wie unglaublich schwer es ist, mit den Seeleuten von dort über geistliche Themen ins Gespräch zu kommen. Dagegen ist es überhaupt kein Problem, etwas zu essen oder zu trinken zu bekommen, die Syrer sind überaus gastfreundlich. Aber über den Glauben reden sie nicht so gerne mit mir – anders als die meisten Männer aus anderen Ländern. Lange habe ich nach einem Anknüpfungspunkt gesucht, einer offenen Tür in die Herzen der syrischen Seeleute, aber den Schlüssel konnte ich nicht finden.

Mit der Zeit ist mir noch eine zweite Besonderheit aufgefallen: Die meisten syrischen Seemänner kommen von der kleinen Insel Arwad, die etwa drei Kilometer vor der Küste der Hafenstadt Tartus liegt. Diese Insel ist nur 700 Meter lang und 500 Meter breit und vollständig von einem Fischerdorf überbaut. Was hatte es mit ihr auf sich? Wie konnte es sein, dass von so einer kleinen Insel beinahe alle Seeleute der syrischen Hochseeschifffahrt kommen?

Eines Tages sah ich im belgischen Fernsehen eine Dokumentation über Syrien. Zwei Minuten lang war auch von der Insel Arwad die Rede, und ich war ganz Ohr. Die Einwohner Arwads gehören zu den treuesten Anhänger von Präsident Assad, hieß es in der Sendung. Als Seeleute hätten sie zwar die Möglichkeit, irgendwo in einem anderen Land von Bord zu gehen, zu fliehen und auszuwandern. Die Arwaditer sind jedoch so treue Anhänger der Familie des Regierungschefs, dass sie beständig auf ihren Schiffen bleiben und ganz selbstverständlich immer wieder nach Syrien zurückkehren. In der Sendung wurde zudem erwähnt, dass der Name Arwad bereits im 1. Buch Mose vorkommt.

»Das ist spannend«, dachte ich und schlug die Bibelstelle nach. Tatsächlich, in 1. Mose 10 steht ein langes Geschlechtsregister, bei dem im 18. Vers die Arwaditer aufgeführt werden, als Nachkommen von Ham, dem Sohn Noahs. Ich begann, nach weiteren Stellen in der Bibel zu suchen, in denen Arwad erwähnt wird. In Hesekiel 27,8 entdeckte ich, dass die Männer von Sidon und Arwad schon in der Antike als Ruderer auf phönizischen Handelsschiffen eingesetzt worden sind. Also waren die Arwaditer damals schon erfahrene Seeleute. In Vers 11 steht außerdem, dass die Männer Arwads als Wachen die Mauern bemannten. Sie waren also auch gute Soldaten.

»Das ist es, das könnte der Schlüssel zu ihren Herzen sein«, dachte ich. Seither erzähle ich auf jedem syrischen Schiff, dass ihre Heimat bereits ganz am Anfang, im ersten Buch der Bibel vorkommt. Das spricht den Stolz in der Seele der syrischen Seeleute an.

Wenn ich ihnen dann noch vorlese, dass bereits ihre Vorfahren vor 2 600 Jahren in der Bibel als gute Seemänner und Kämpfer erwähnt werden, die schon in der Antike das ganze Mittelmeer durchquert haben, strahlen sie übers ganze Gesicht. »Gott muss euch Arwaditer wirklich gerne haben«, lächle ich die Männer dann an, »wenn er die Bewohner einer so kleinen Insel in seinem heiligen Buch erwähnt.«

Seitdem habe ich es nicht mehr so schwer, mit ihnen über den Glauben zu reden, sie nehmen gerne eine Bibel als Geschenk an und wollen sie lesen. Denn sie sind stolz darauf, dass Salzwasser in ihren Adern fließt, ein idealer Anknüpfungspunkt für Glaubensgespräche.

Vom Ramadan zum Sonntag

Guus Peters, Antwerpen

Einer der Arwaditer, den ich getroffen habe, heißt Aziz. Er sitzt vor mir in seinem legeren, beige gestreiften Rollkragenpullover, trägt einen Dreitagebart und eine moderne, getönte Brille. Diesen Monat ist Ramadan, und die Seeleute aus Syrien halten sich daran. Mit erhobenem Haupt erklärt mir Aziz, was es mit der Fastenzeit der Muslime auf sich hat. Interessiert frage ich nach, ob er wirklich faste. »Na, klar!«, antwortet er. Um ihn tiefer darüber ins Nachdenken zu bringen, frage ich Aziz: »Bist du dir ganz sicher?«

Erneut betont er: »Ja!« Daraufhin frage ich ihn, wie oft er während der muslimischen Fastenzeit im Verlauf von 24 Stunden isst. »Dreimal, aber nicht am Tag.« Ich hake nach: »Du isst also in 24 Stunden genauso viel wie ich – nur nachts, und ich esse im Hellen. Wenn man es genau nimmt, fastest du also am Tag und ich bei Nacht?« Das macht ihn stutzig.

Aziz überlegt eine Weile. Dann schildert er mir, dass in seiner Heimat Syrien im Ramadan bei Nacht sogar immer ganz besonders viele und gute Speisen zubereitet werden, quasi ein Festmahl. Man sieht ihm an, dass er plötzlich nicht mehr so richtig versteht, was das mit Fasten zu tun hat. Anhand von Jesaja 58 zeige ich ihm auf, wie Gott sich eine Fastenzeit vorstellt:

»Fasten, wie ich (Gott) es liebe, sieht so aus: Lasst die zu Unrecht Gefangenen frei und gebt die los, die ihr unterjocht habt. Lasst die Unterdrückten frei. Zerbrecht jedes Joch. Ich möchte, dass ihr euer Essen mit Hungrigen teilt und heimatlose Menschen gastfreundlich aufnehmt. Wenn ihr einen Nackten seht, dann kleidet ihn ein. Verleugnet euer eigenes Fleisch und Blut nicht. Wenn du so handelst, wird dein Licht aufleuchten wie die Morgenröte« (Jesaja 58,6-7).

Die Verse aus der Bibel bringen Aziz sichtlich ins Nachdenken, und wir reden noch lange miteinander über unsere verschiedenen Glaubensvorstellungen, über die Bibel und über Jesus. Die Bibel nennt die Arwaditer Seeleute – und sie stellt uns Jesus als den Sohn Gottes vor, der für die Sünden der gesamten Menschheit gestorben ist, auch für die der Syrer. Aziz will eine Bibel haben. Ich gebe ihm auch noch einen Bibelkorrespondenzkurs mit, beides in seiner Sprache, in Arabisch. Ich bin sehr gespannt auf unser nächstes Treffen, wenn der alte rostige Kahn aus Syrien wieder hier in Gent vor Anker liegt.

Weiter geht's zum nächsten Schiff, das ich heute besuche. Ein Kollege aus einem anderen Hafen hatte mich per E-Mail gebeten, bei Nasri vorbeizuschauen, einem jungen Offiziersanwärter aus dem Iran mit braun gebrannter Haut und tiefschwarzem Bart. Mein Kollege hatte Nasri schon viele seiner Fragen beantwortet und ihm eine Bibel gegeben.

Inzwischen hat sein Schiff unseren Hafen erreicht. Die rote Gangway ist ringsum von Netzen eingefasst, damit jemand, der übers Geländer fällt, nicht im öligen Wasser des Hafens landet. Gespannt auf die Begegnung mit Nasri, steige ich mit festen Schritten an Bord.

Ich trete an Deck, da kommt bereits der wachhabende Seemann auf mich zu und bittet darum, dass ich mich ins

Logbuch für Besucher eintrage. Dann gibt er über Funk meinen Besuch auf dem ganzen Schiff bekannt. Jeder an Bord weiß also, dass ein Seemannspastor zu Besuch ist. Ich gehe dann meistens in den Speise- oder Pausenraum. Hier hat Nasri mich schnell gefunden.

Er öffnet den Reißverschluss seines blauen Overalls ein wenig, setzt den Helm ab und macht es sich auf der rustikalen Bank mir gegenüber bequem. »Ich bin froh, dich zu treffen«, sagt er, »denn ich habe so viele Fragen über den Islam und das Christentum.«

Schon lange bewegt ihn die Frage, warum wir Christen einen anderen Ruhetag haben als Muslime. Wir unterhalten uns über die biblische Schöpfungsgeschichte, wie Gott die Welt, die Tiere und die Menschen in sechs Tagen erschaffen und sich am siebten Tag davon ausgeruht hat. »Das war der Sabbat (Samstag). So ist der siebte Tag also der erste Tag im Leben von uns Menschen. Gott hat festgelegt, dass wir uns einmal in der Woche einen Tag lang ausruhen und auf ihn konzentrieren sollen. Die Christen haben den Sonntag ausgewählt, weil Jesus an diesem Wochentag vom Tode auferstanden ist und uns ewiges Leben geschenkt hat. 600 Jahre später kam Mohammed, und er wollte einen eigenen Ruhetag haben. Darum haben Muslime den Freitag als Tag der Versammlung.«

Weil ich dem Gespräch mehr Tiefe verleihen will, sage ich zu Nasri, dass es zwar interessant ist, sich über derartige kleinere Unterschiede zwischen unseren Religionen zu unterhalten – der wesentliche Unterschied zwischen Christen und Muslimen liegt jedoch in der Person von Jesus Christus selbst begründet. Er bittet mich, ihm das zu erklären, deshalb fahre ich fort: »Wenn du an Jesus glaubst und daran, dass er für deine Sünden gestorben ist, dann wirst du frei von deiner Lebensschuld und bekommst ewiges Leben, das ist die eigentliche Botschaft der Bibel.«

Nasri fragt noch viel nach und möchte das Evangelium detailliert kennenlernen. Am Ende begleitet er mich nachdenklich bis zu meinem Auto, wo ich ihm einen Bibelkurs in seiner Sprache Farsi mitgebe. Zum Abschied verspricht er mir, den Kurs durchzuarbeiten und sich wieder bei mir zu melden. Ich freue mich schon darauf, ihn eines Tages wiederzusehen …

Die »Nächste Welle« zu Besuch

Felix Henrichs, Rotterdam

»Hallo Felix, schön, dass du wieder da bist. Wo hast du denn deine zwei Freunde von gestern gelassen?«, ruft Leo mir von der Reling herunter zu, noch bevor ich meinen Fuß auf die schmale Gangway des tiefblauen Frachters im Kohleterminal von Rotterdam setzen kann. Leo ist ein kleiner Filipino. Er steht Wache und strahlt mich breit über beide Backen an. Eine so freudige Begrüßung bekomme ich nicht alle Tage.

Mein Pilotenkoffer, eine feste Alukiste mit Ausziehgriff und Rollen, voll mit Bibeln, Büchern und christlichen DVDs, fühlt sich plötzlich viel leichter an, während ich vollends an Bord klettere. Ich begrüße Leo und einen zweiten Seemann, der neben ihm steht. »Leider konnten die anderen nur einen Tag mitkommen, Leo. Sie wollten meine Arbeit mal miterleben, heute haben sie andere Pläne. Aber heute Abend sehe ich sie wieder«, kläre ich den bärtigen Asiaten auf. »Oh, dann musst du sie aber ganz lieb von mir grüßen«, sagt Leo.

Die zwei jungen Männer aus Kanada und England, die am Vortag mit auf diesem Kohlefrachter waren, gehören zur Besatzung der »Next Wave« (nächste Welle), einem kleinen, schmuck renovierten älteren Segelschiff der christlichen Organisation »Jugend mit einer Mission«. Mit der »Next Wave« sind immer um die 20 Leute aus verschiedenen Ländern unterwegs, sie ist eine Art schwimmende Lebensschule für junge Christen und fährt meistens im Mittelmeer umher.

Christliche Gemeinden und Organisationen in den Niederlanden hatten von diesem schmucken Zweimastschoner gehört, auf dessen hinterem Segel die Umrisse eines großen Kreuzes aufgenäht sind. Sie haben die »Next Wave« und ihre Mannschaft zu einem Missionseinsatz nach Rotterdam eingeladen. Der Schoner liegt einige Tage als Attraktion in Rotterdam vor Anker, um Menschen in der Stadt für den Glauben zu begeistern. Ich darf an Bord und die Crew kennenlernen. Zwei von ihnen wollen mich auf die Handelsschiffe im Hafen begleiten, um vor Ort die Arbeit eines Seemannsmissionars kennenzulernen. Das zweite Schiff, das wir gestern miteinander besucht haben, war der Kohlefrachter. Wir hatten eine schöne Zeit an Bord, besonders mit dem jungen Leo von den Philippinen. Es ergab sich ein gutes Gespräch an der Gangway, denn auch gestern hatte er Wache.

»Felix, deine Freunde und du, ihr habt so eine liebevolle Ausstrahlung, das ist klasse«, erinnert sich Leo bewegt. Glücklich über seine Worte antworte ich ihm: »Wir haben ja auch dich getroffen, da muss man doch einfach fröhlich sein. Aber unsere innere Freude und Liebe hat auch noch eine andere Ursache. Weißt du, wir Christen können andere Menschen lieb haben, weil wir die Liebe von Gott in uns tragen. Die zwei Freunde von gestern und ich haben diese Liebe selbst erlebt. Es ist so schön, dass dir das aufgefallen ist.« Leo wird neugierig: »Erzähl mir mehr über diese Liebe Gottes«, fordert er mich auf.

In einem längeren Gespräch an der Reling, mit Blick über die Erz- und Kohlehalden im Hafen, erkläre ich ihm den Unterschied zwischen toter Religion und der Frohen Botschaft von Jesus Christus. Ich schildere ihm die Verlorenheit vieler Menschen, und dass es Jesus ist, der einem Leben überhaupt erst den richtigen Sinn gibt. »Das Besondere an Jesus ist seine Liebe und Barmherzigkeit, sein Erbarmen mit uns schuldbeladenen Menschen«, erkläre ich ihm. Leo wird nachdenklich. Ich sage ihm, dass Jesus lebt und er sich eine tiefe Freundschaft mit jedem einzelnen Menschen wünscht: »Auch mit dir, Leo.« Da fängt Leo an zu strahlen und sagt: »Felix, das will ich. Ich will Jesus vertrauen und ihm folgen …«

Noch am selben Abend darf ich den jungen Christen an Bord der »Next Wave« bei einer Andacht von dieser zweiten Begegnung mit Leo erzählen. Die beiden jungen Männer, die am Tag zuvor mit mir an Bord waren, staunen nicht schlecht darüber, wie liebevoll und fröhlich ihre Art und ihr Glaube auf Leo gewirkt haben. Und Leo selbst? Der ist heute als neues Kind Gottes irgendwo auf den Ozeanen unterwegs und liest eifrig seine Bibel.

Kein Reis, keine Power

Felix Henrichs, Rotterdam

Früh am Morgen sitze ich in der Küche beim Frühstück, als ich das Klappern des Briefkastens im Flur draußen höre. Wenig später kehre ich mit einem A5-Umschlag in der Hand zurück und fülle meine Tasse Kaffee nach, dann öffne ich den Brief. Er enthält ausgefüllte Testbögen unseres Fernbibelkurses »Die Brücke«, den mein Kollege Volker Lamaack aus Hamburg vor ein paar Jahren entwickelt hat.

In Lamaacks Kurs wird das Evangelium ausführlich und leicht verständlich erklärt: Jesus, als die Brücke zwischen Gott und uns Menschen.

Goido, ein junger philippinischer Koch auf einem kleinen Containerfrachter, hat die englische Version des Bibelkurses durchgearbeitet und die Papiere an Matthias, den Mitarbeiter einer anderen christlichen Organisation hier im Hafen von Rotterdam gegeben, der sie mir weitergeleitet hat. Mithilfe eines Antwortbogens korrigiere ich Goidos Testbögen und notiere unten mit Freude sein Ergebnis: 88 Prozent richtig. Das bedeutet, dass er die Botschaft der Bibel gut verstanden hat.

Auf der Rückseite der Bögen kann der Seemann selbst eine Einschätzung abgeben, wo er im Glauben steht. Schiffskoch Goido hat den folgenden Satz angekreuzt: »Durch das Studieren dieses Kurses habe ich Jesus im Glauben in mein Leben aufgenommen. Ich bin mir nun meiner Errettung gewiss.« Das erklärt er noch genauer in einem persönlichen Brief, den er mir beigelegt hat. Goido schreibt:

»Friede sei mit dir, Felix! Ich möchte mich herzlich bei dir bedanken, dass du Menschen wie mir hilfst, unseren Glauben an Jesus Christus zu stärken und zu pflegen. Ich hatte so viele Fragen und hungerte nach Antworten. Euer Buch ›Die Brücke‹ hat mir sehr geholfen, weil es viele meiner Fragen klar beantwortet hat. So habe ich den richtigen Weg gefunden.
Ich hätte gerne noch mehr Bücher und Studienmaterial wie dieses, um in meinem nächsten Urlaub auf den Philippinen meinen Freunden und meiner Familie von Jesus zu erzählen. Denn die größte Frage vieler Leute in meiner Heimat ist: Wie kann ich fürs ewige Leben gerettet werden? Genau das ist in eurem Bibelkurs erklärt worden. Danke noch mal. Möge der Herr Jesus Christus immer mit dir sein, bis zum Ende aller Zeiten.«

Ein paar Tage nachdem ich diesen schönen Brief erhalten habe, legt das Schiff, auf dem Goido der Smutje (Schiffskoch) ist, wieder bei uns im Hafen an. In meinem Rucksack habe ich viele gute Bücher für ihn mitgenommen. Ich gehe in die Mannschaftsunterkunft in den turmhohen Aufbauten am Heck, die schwere Stahltür mit ihren vielen Riegeln steht offen. Nachdem ich meine Tasche abgelegt habe, marschiere ich in Richtung Kombüse, der Küche des Schiffes.

In der Durchreiche zum Speisesaal liegen leckere, süße Brötchen auf einem Tablett. Mein Blick fällt in die Großküche dahinter, wo ein paar Mitglieder der Belegschaft gerade das Essen zubereiten. Sie schauen überrascht von ihrer Arbeit hoch und lächeln. Alles um sie herum, vom Boden bis zur Decke, glänzt silbern, die Spülmaschinen und Kücheneinrichtung scheinen nagelneu zu sein, die Knöpfe an den Spülmaschinen blinken weiß auf hellblau, alles ist picobello sauber.

Dort steht auch Goido. Die Brille oben in sein T-Shirt eingehängt, mit einem Tuch über den Haaren, schneidet er mit seinem großen Messer gerade Gemüse fürs Abendessen, das er pünktlich um halb sechs den hungrigen Mannschaftskameraden servieren muss. Er begrüßt mich mit einem überschwänglichen: »Hallo Felix, schön, dass du zu uns an Bord gekommen bist!«

Heute wird es Adobo geben, ein leckeres philippinisches Fleischgericht, das in Sojasauce und Essig anderthalb Stunden vor sich hin köcheln muss. Dazu servieren sie wie immer Reis, den die Filipinos dreimal am Tag essen. »Kein Reis, keine Power«, lacht er mich an. Für den muskulösen Koch ist jeder Tag gleich. Er arbeitet zehn und mehr Stunden, sieben Tage die Woche, zehn Monate lang. Jeder Tag ist Montag …

»Felix, endlich bist du gekommen, ich habe mich schon so lange auf unsere Begegnung gefreut«, umarmt mich Goido. Dann bewirtet er mich fürstlich, ich genieße das schmackhafte Essen, es erinnert mich sehr an meine Teenagerjahre in Pakistan. Nach einer Weile findet Goido schließlich die Zeit, sich zu mir zu setzen, und ich bitte ihn, mir zu erzählen, was ihm sein Bibelkurs bedeutet hat.

»Weißt du, Felix«, sagt er nüchtern, »wie die meisten in meiner Heimatstadt bin ich in einem katholischen Elternhaus aufgewachsen. Man hat mich als Baby getauft, später gefirmt, und wir sind jeden Sonntag in die Kirche gegangen. Die Priester sagten immer, dass wir als Christen gute Menschen sein müssen. Eigentlich dachte ich, dass ich alle wichtigen Antworten in Bezug auf den Glauben schon hatte.« Aufmerksam höre ich ihm zu.

»Eines Tages, es war im September letztes Jahr, kam dein Kollege Wout auf unser Schiff und hat mir euren Bibelkurs gegeben. Aus Höflichkeit habe ich ihn angenommen, aber eigentlich wollte ich ihn gar nicht lesen. Ich hab ihn in eine Ecke meiner Kabine gelegt, und da lag er dann.

Einen Monat später bist du auf unser Schiff gekommen, und wir haben uns unterhalten. Unser Gespräch werde ich nie mehr vergessen. Du hast gesagt, dass wir wie Mutter Theresa leben und jeden Tag zig gute Taten tun können, und es trotzdem sein kann, dass wir aus Gottes Sicht verloren sind.«

Ich staune, dass er sich noch so genau an unser Gespräch vor einem Jahr erinnert. Goido fährt fort: »Du hast gemeint, dass uns gute Werke nicht zu Gott bringen. Das Problem ist unser Herz, wir sind Sünder. Im Gespräch mit dir ist mir bewusst geworden, dass ich ein neues Herz brauche. Plötzlich hatte ich nur noch Fragen, und keine Antworten mehr. Nachdem du weg warst, konnte ich nicht mehr schlafen. Deine Worte sind hängen geblieben. Also hab ich den Bibelkurs aus der Ecke geholt und angefangen, ihn durchzuarbeiten.«

»Und was hat dir der Bibelkurs gebracht?«, frage ich den stämmigen Koch von den Philippinen. »Nach und nach habe ich klarer gesehen und immer mehr Antworten auf meine Fragen erhalten«, beschreibt er die Veränderung. »Beim Lesen der Kurslektüre und der Bibel habe ich erkannt, dass ich Jesus brauche. Abends, am 8. November 2012, habe ich Jesus in mein Leben eingeladen. Dieses Datum werde ich nie mehr vergessen, weil Jesus mir so eine Freude ins Herz gelegt hat. Seitdem warte ich auf dich, weil ich noch immer viele Fragen habe. Kannst du bitte wiederkommen und mir helfen?«

In Gedanken staune ich über Gottes Größe, wie klar er zu den Männern aus Asien auf den Schiffen spricht und unsere Arbeit und die Bibelkurse segnet. Goido arbeitet auf einem Frachter, der jede Woche Rotterdam anläuft und für ein, zwei Tage im Hafen liegt. Ich freue mich schon auf meinen nächsten Besuch bei ihm und die Zeit mit meinem neuen Bruder in Christus.

Nachtrag: Im März 2013 bekam ich die furchtbare Nachricht, dass mein junger Freund und geschätzter Kollege Matthias im Alter von 20 Jahren völlig unerwartet an einem Herzstillstand gestorben ist. Ich weiß nicht, warum Gott das zugelassen hat. Medizinisch gibt es keine Erklärung. Ich trauere mit seinen Eltern, seinen zwei Brüdern und seiner Familie. Leb wohl, Matthias, wir werden uns eines Tages im Himmel wiedersehen! Matthias wird von den vielen Seeleuten, denen er liebevoll gedient hat, schmerzlich vermisst.

Das Evangelium ist nicht aufzuhalten

Guus Peters, Antwerpen

Eines Tages sitze ich in der Mannschaftslounge eines iranischen Schiffs, als plötzlich ein schriller Alarm ertönt. Eine Durchsage hallt durch die dunklen, großen Lautsprecher an den Wänden über das gesamte Schiff: »Abandon-Ship-Drill!« Alarm! Eine Notfallübung. Die ganze Mannschaft muss schnellstmöglich geordnet das Schiff verlassen. Ich habe gerade noch Zeit, mir die Finger in die Ohren zu stecken, bevor die gellende Alarmglocke erneut erschallt. Gut, dass ich aus Erfahrung diesen Ablauf schon kenne, sonst wäre ein Tinnitus vorprogrammiert.

Einer der Männer, in ihren vom vielen Waschen ausgebleichten, orangeroten Overalls mit Farb-, Öl- und Rostflecken, den Helm schief auf dem Kopf und einer Rettungsweste unterm Arm, rennt hektisch an mir vorbei. Es ist Farbod.

Bevor der Alarm ertönt, haben wir uns kurz die Hand gegeben und einander vorgestellt. Der junge Seemann mit seinen schwarzen, buschigen Augenbrauen und Schnurrbart war wie fast alle Iraner, die ich kenne, überaus freundlich. Ich spürte, dass er gern mit mir reden wollte.

Also bleibe ich die halbe Stunde sitzen, bis die Übung vorbei ist und Farbod wieder zu mir in den Aufenthaltsraum kommen kann. Wir unterhalten uns kurz, dann bittet er mich, mit ihm in seine Kabine zu gehen.

Die kleinen Kabinen von Mannschaftsangehörigen mit dem niedrigsten Rang sind spartanisch eingerichtet. Neben dem winzigen Bad mit Dusche und Toilette ist in dem kleinen Raum nur noch Platz für sein Bett, einen mickrigen

Schreibtisch und den Kleiderschrank. Durchs messingumrandete Bullauge sehen wir direkt aufs Deck zu den Containern.

Auf Farbods Schreibtisch liegt eine aufgeschlagene persische Bibel, die erkenne ich sofort. Nachdem wir uns nebeneinander auf sein quietschendes, schmales Bett gesetzt haben, erzählt er mir, dass er diese Bibel vor drei Jahren von einem meiner Kollegen in einem anderen Hafen geschenkt bekommen hat. Seither nimmt Farbod sie auf jedes neue Schiff mit und liest täglich darin. »Ich möchte Jesus nachfolgen«, sagt er mit Nachdruck. »Was in der Bibel steht, hat mich überzeugt.«

»Wenn das der Fall ist, dann musst du eine persönliche Entscheidung für Jesus treffen«, sage ich lächelnd und beschreibe ihm, wie das geht: »Du weißt doch, was ein Opferlamm ist?« Selbstverständlich weiß er das, denn in seinem Heimatland Iran wird jedes Jahr das große, traditionelle Opferfest zur Erinnerung an Ibrahim (Abraham) gefeiert, der auch nach muslimischer Überlieferung von Gott auf die Probe gestellt worden ist und diese bestanden hat: Er war bereit, seinen Sohn Ismael (vgl. in der Bibel: Isaak) Allah zu opfern. Bei diesem Fest ist es die Pflicht jedes Muslims, ein Schaf oder eine Ziege zu opfern, wenn er es sich denn finanziell leisten kann.

»Jesus ist DAS Opferlamm für die Schuld jedes Menschen auf dieser Welt. Er ist auch für deine Schuld gestorben, Farbod«, erinnere ich ihn an die gute Botschaft der Bibel. »Wenn du dieses Opfer für dich persönlich annimmst, dann vergibt dir Gott alle deine Sünden.«

Da neben mir auf dem Bett sitzt ein iranischer Seemann, der wirklich Jesus Christus als seinen Erlöser annehmen möchte. Wir beten und legen sein Leben Jesus in die Hand, der von sich gesagt hat, dass er der Weg zum himmlischen Vater ist. Dann gebe ich ihm christliche Bücher in Persisch mit.

Farbod bittet mich um eine weitere Bibel: »Die ist für meinen Schwiegervater im Iran, er will ebenfalls Christ werden«, erklärt er mir. Gerne reiche ich ihm ein Neues Testament in persischer Sprache aus meiner Schriftentasche und freue mich sehr, dass auf diese Weise ein älterer Mann im Iran eine Bibel geschenkt bekommen wird.

Kein Zweifel, unsere Arbeit als Seemannsmissionare hat weltweite Auswirkungen, und wir erleben mit, wie sich die Botschaft des Evangeliums verbreitet. Die Botschaft der Bibel ist nicht aufzuhalten. Weil Jesus eine unglaubliche Faszination auf Menschen aus aller Welt ausübt und viele erkennen, wie sehr sie ihn brauchen.

Wiedersehen mit Sam

Felix Henrichs, Rotterdam

Der Hafen von Rotterdam ist bei Weitem der größte Europas und der viertgrößte weltweit. Er erstreckt sich über 45 Kilometer und hat eine Fläche von 10 500 Hektar. Täglich legen 100 Seeschiffe und 300 Binnenschiffe an den 90 Terminals an, um ihre Ladung zu löschen. So ein Hafen schläft nie, rund um die Uhr wird auf dem riesigen Areal gearbeitet. Wie soll ich mich als einzelner kleiner Mensch hier zurechtfinden und wissen, wann und auf welchem Schiff ich zu welcher Zeit gebraucht werde? Dazu benötige ich Gottes Geist, und dessen Führung erlebe ich jeden Tag aufs Neue.

Besonders eindrucksvoll war das bei Sam, einem lieben, älteren Glaubensbruder aus Ghana, den ich vor ein paar Jahren schon kennengelernt habe. Damals arbeitete er als Matrose auf einem kleinen Containerschiff, und ich machte gerade mein Orientierungspraktikum und war erst ein paar Monate in Rotterdam.

Sam besuchte ich regelmäßig, denn der Frachter, auf dem der etwa 60-jährige Afrikaner angeheuert hatte, lief jede Woche den Hafen hier an. Über die Monate sind wir gute Freunde geworden und haben uns viel gegenseitig ermutig. Sam freute sich beispielsweise sehr über die Bibeln, die ich ihm für seine Söhne in Ghana mitgegeben habe. Unsere Gespräche erreichten eine Tiefe, die ich später vermisst habe.

Eines Tages lief sein Vertrag an Bord aus, und Sam wollte in seinen wohlverdienten Ruhestand nach Ghana zurückfliegen. Damals dachte ich, dass ich Sam wohl nie wiedersehe. Doch am Mittwoch, den 20. Mai 2011, trafen wir uns wieder:

An diesem strahlenden Sonnentag hatte ich schon einige Schiffe besucht und fahre an der grauen Kaimauer entlang. Da entdecke ich einen unauffälligen, mir unbekannten Containerfrachter mit den typischen weißen Aufbauten am Heck und giftgrünem Rumpf, an dem gerade nicht gearbeitet wird. Er liegt an einem Warteplatz, weil andere Schiffe alle Be- und Entladeplätze in diesem Terminal belegt haben.

An Bord treffe ich auf einen Matrosen von den Philippinen, der wie üblich die Gangway bewacht und dafür sorgt, dass keine Unbefugten das Schiff betreten. Während ich mich vorstelle und die warme Maisonne genieße, höre ich hinter mir Schritte, die näher kommen. »Felix!«, ertönt ein lauter Bass hinter meinem Rücken, und jemand legt mir seine große schwarze Hand auf die Schulter. Ich drehe mich um und stehe im Schatten meines hünenhaften ghanaischen Freundes, von dessen dunklem Gesicht mir ein strahlendweißes Lachen entgegenblitzt.

Ich kann es nicht fassen, es ist wirklich Sam! Vier Jahre haben wir uns nicht gesehen. Wir fallen uns in die Arme, und mir bleibt fast die Luft weg, so fest drückt er mich. Dann gehen wir lachend, Arm in Arm, ins Innere des Schiffes und verbringen eine gute Zeit zusammen. Sam hat viel zu erzählen. Was für eine Freude, gemeinsam mit ihm zu essen, zu beten und die Bibel zu lesen.

Da der Koch von den Philippinen ebenfalls überzeugter Christ ist, setzt er sich nach getaner Arbeit zu uns. Sam schnappt sich die Gitarre, die an der Wand der Messe hängt, und spielt einige Lieder zur Ehre Gottes. Fröhlich stimmen wir mit ein. So entsteht spontan ein Gottesdienst auf dem kleinen Frachtschiff.

Sam ist einer der fröhlichsten Menschen, den ich kenne. Auf jedem Schiff, auf dem er arbeitet, erzählt er all seinen Mannschaftskameraden von Jesus. Auf dem jetzigen Schiff trifft er sich regelmäßig mit zwei Filipinos zum gemeinsamen Bibellesen. Er ist mir ein guter Freund, der täglich für mich und meine Familie betet.

Wie hoch ist wohl die Wahrscheinlichkeit, dass ich bei den rund 100 Schiffen, die an diesem Tag in Rotterdam angekommen sind, genau das erwische, auf dem Sam gerade ist?! Dass ich dann auch noch im genau richtigen Moment oben an der Gangway ankomme, als Sam gerade »zufällig« in seiner Arbeitskluft dort vorbeigeht. Ich wusste weder, dass er an Bord war, noch dass er überhaupt noch zur See fährt.

Gott ist allmächtig! Er hat die Kontrolle und weiß genau, was wir, seine Kinder, brauchen. Für ihn war es ein Leichtes, Sam und mich, die wir schon so viele Jahre miteinander befreundet sind, wieder zueinanderzuführen. Seither sind wir wieder regelmäßig in Kontakt und können uns im Alltag gegenseitig ermutigten.

Tuvalu: Die dunkle Seite im Herzen

Guus Peters, Gent

Wenn auf eine bestimmte Gruppe Menschen der Begriff »Seebären« wirklich zutrifft, dann sind es die Polynesier: Zu dieser Volksgruppe zählen etwa 1,5 Millionen Menschen in der Südsee. Sie haben in den vergangenen Jahrtausenden mit einfachen Ruderbooten etwa 10 000 Inseln im Pazifik besiedelt, eine gewaltige seefahrerische Leistung. Die meisten Polynesier, die mir in den Häfen von Gent und Antwerpen begegnen, kommen aus einem kleinen Land mit neun Inseln nordwestlich von Australien; dem Inselstaat Tuvalu.

Die Männer von Tuvalu sind hochgewachsene Menschen von bemerkenswerter Schönheit, mit goldbrauner Haut und schwarzem Kraushaar. Riesige tätowierte Muskelprotze, die durch ihre gewaltige Körperkraft bei den Reedereien sehr beliebt sind. Leider haben sie eine große Schwäche: Sie vertragen so gut wie keinen Alkohol. Nach nur wenigen Flaschen Bier verlieren manche dieser Männer die Kontrolle über sich. Ihre Wutausbrüche sind gefürchtet, denn so mancher hat dann alles um sich herum kurz und klein geschlagen.

Einer dieser breitschultrigen Schränke ist Amas. Als ich ihn auf seinem Schiff treffe, sitzt er in dem vom künstlichgrünen Licht der Neonröhren erhellten Pausenraum. Erstaunlicherweise ist er Moslem. Bis dahin war mir gar nicht bewusst, dass es auf seiner Insel überhaupt Muslime gibt. Die anderen Seeleute aus Tuvalu, die ich bisher getroffen habe, waren Christen, zumindest auf dem Papier. Doch für viele von ihnen ist der Glaube nur eine Tradition, die sie nicht sonderlich ernst nehmen.

Ich sage Amas, wie überrascht ich bin, dass er Moslem ist. Daraufhin erklärte er mir, seine Eltern seien früher katholisch gewesen. Eines Tages seien sie zum muslimischen Glauben übergetreten, weil das ihren Kindern eine bessere Schulausbildung ermöglicht habe. So etwas geschieht rund um die Welt. Dollars aus dem Ölgeschäft der Golfstaaten fließen in die südliche Hemisphäre, um neue Moscheen und Koranschulen zu gründen und Menschen mit großzügigen Geschenken für den Islam zu werben.

Beispielsweise las ich in der Zeitung kürzlich, dass 660 chinesische Gleisarbeiter an der Bahnlinie zwischen Dschidda und Mekka in Saudi-Arabien zum Islam konvertiert seien. Als Nichtmuslime war es ihnen verboten, die Stadt Mekka zu betreten, sie hätten sonst ihren Job verloren. Also sind sie zum Islam übergetreten, damit sie ihrer lukrativen Arbeit im Eisenbahnbau weiterhin nachgehen konnten.

Wenn wir Christen ehrlich zu uns selbst sind, geschieht so etwas leider auch umgekehrt, wenn auch meistens eher, ohne dass wir es beabsichtigt haben. Auch Hindus und Muslime erzählen mir, wie sich ihre Landsleute christlichen Gemeinden anschließen, weil es ihnen materielle Vorteile bringt. Beides ist nicht gut, weder in die eine noch in die andere Richtung.

Amas hat also eine muslimische Schulbildung genossen. Ich frage ihn, ob er zufrieden damit ist, ein Moslem zu sein. Er lächelt verschwörerisch und sagt, dass er tief in seinem

Inneren mit dem Islam nicht viel anfangen kann. »Ich suche nach Seelenfrieden«, sagt er nachdenklich, »aber ich kann die dunkle Seite in meinem Herzen einfach nicht unter Kontrolle bringen.«

Wir haben ein langes Gespräch über Licht und Dunkelheit, und ich erkläre ihm den Unterschied zwischen Religion und der Freundschaftsbeziehung zum lebendigen Gott. Dass wir als Menschen nicht von Natur aus gut sind, sondern Sünder, und es uns nicht hilft, wenn man uns nur religiöse Regeln vor die Nase setzt. »Tu dieses gute Werk und mach das, du sollst und du darfst nicht, das alles ist Religion«, beschreibe ich ihm. »Sie ignoriert, dass die Wurzeln des menschlichen Herzens schlecht sind. Religionen geben dir Regeln, an die du dich halten musst. Zum Beispiel, dass es nicht gut ist, zu trinken, zu rauchen, Schweinefleisch zu essen und so weiter. Aber wenn du eine der Regeln brichst, was dir unweigerlich irgendwann passiert, dann hast du ein Problem.« Amas hört gut zu, denn die Regeln des Islam kennt er. Dann fragt er mich: »Und welche Regeln gibt Jesus?«

»Jesus ist anders, er ist das Leben und die Liebe in Person. Er will nicht zuerst, dass du dich an tote Regeln hältst, er lebt und will deine Freundschaft, Amas. Jesus liebt dich.« Dann fragt Amas, wie ihm eine solche Freundschaft zu Jesus helfen kann, dass er nicht mehr so viele Fehler im Leben macht?

Ich schildere ihm, wie die Liebe von Jesus uns Menschen verändert, wie er alle Schuld vergibt, einen völligen Neuanfang ermöglicht und das alte böse Herz gegen ein neues eintauscht: »Jesus legt dir seine vollkommene Liebe ins Herz. Wenn du jemanden liebst, dann wirst du ihn nicht verletzen. Wenn du jemanden liebst, dann stiehlst du nichts mehr von ihm. Wenn du jemanden liebst, dann machst du dich auf keinen Fall mehr an seine Frau ran. Und wenn du deine Eltern liebst, dann wirst du sie von ganz alleine ehren …«

Nun passen die großen Augen, mit denen er mich anschaut, zu Amas wuchtigem Äußeren. Während wir zusammen Tee trinken, entscheidet sich Amas, dass er diese persönliche Freundschaftsbeziehung zu Jesus und seine Liebe braucht. Er freut sich, als ich ihm eine Bibel und ein christliches Buch über Jesus mit dem Titel »Der großartigste Mensch, der jemals gelebt hat« in die Hand drücke …

Nach einigen Monaten bekomme ich Post aus Tuvalu. Der tätowierte Hüne Amas schreibt mir:

> *»Jesus ist wirklich der Messias, der Sohn Gottes und Erlöser der Menschheit. Und ja, ich will von meinen Sünden befreit und errettet werden. Heute, am 9. September, vertraue ich Jesus als meinem persönlichen Heiland mein Leben an. Ich gebe gerne zu, dass ich viel gesündigt habe und nur er mich retten kann. Und ich freue mich an meinem neuen Leben.«*

Kein Zweifel, durch unser Gespräch ist Licht auf die pazifische Insel Tuvalu gekommen.

Vom Leben auf See …

Felix Henrichs, Rotterdam

Es ist fast immer dieselbe Geschichte, die viele Seeleute mir in seelsorgerlichen Gesprächen erzählen: Der Tag, an dem sie wieder aufs nächste Schiff müssen, ist schrecklich:

Stellen Sie sich vor, wie es wäre, wenn Sie Ihre Familie, Ihren Ehepartner, Ihre Kinder, Freunde und Verwandte für neun bis zehn Monate verlassen müssten. Sie steigen in ein Flugzeug und wissen, dass Sie manche dieser geliebten Menschen vielleicht nie mehr wiedersehen werden. Der Abschiedsschmerz bricht den Seemännern jedes Mal fast das Herz.

Irgendwo in einem fremden Hafen erklimmen sie die Gangway eines riesigen Kastens aus Stahl, auf dem sie neun Monate immer wieder dieselben zehn bis zwanzig Menschen treffen. Die Gesprächsthemen sind bald erschöpft. Konflikten kann man kaum aus dem Weg gehen, nicht selten werden sie gewaltsam ausgetragen. Die einzige Verbindung zur Außenwelt sind Handy und Internet, die auf den Ozeanen nicht überall funktionieren.

Auf See ist das Schiff vielen Gefahren ausgesetzt, ein Spielball der Elemente. Jeden Tag geht irgendwo auf den sieben Weltmeeren eines der vielen tausend Container-, Tank- oder Frachtschiffe verloren. Manche Routen, die sie befahren, sind berüchtigt wegen Piraterie, andere Strecken wegen des unberechenbaren Wetters. Und in den Häfen gilt es, in Akkordarbeit die Ladung zu löschen und Neues zu laden. Oft bleibt keine Zeit, auch nur kurz das Schiff zu verlassen. Seeleute leben an ihrem Arbeitsplatz, und dieses Leben ist hart und eintönig.

Wenn sie dann endlich nach neun Monaten wieder nach Hause dürfen, sind die Kinder wieder ein ganzes Stück gewachsen. In den ersten Tagen sind sie schüchtern und laufen vielleicht sogar weinend vor ihrem Papa weg, weil sie ihn nur noch vom Foto her kennen. Die lange Trennung sorgt vielleicht sogar für Spannung in der Ehe. Denn die Frau hat neun Monate lang zu Hause alles selbst gemanagt, und jetzt plötzlich kommt jemand zur Türe herein, der für ein paar kurze Wochen wieder den Ton angeben will. Das funktioniert oft nicht.

Das Leben ist den Seemännern fremd, sie fühlen sich überall nur als Gast und nicht mehr zu Hause. Irgendwie heimatlos und entwurzelt. Am Leben der anderen haben sie kaum Anteil. Sie sind Fremde an Bord – und Fremde zu Hause. Nach drei Monaten Urlaub geht alles wieder von vorne los. Wieder der Schmerz, die Isolation, die Eintönigkeit …

Für Christen bedeutet dieses Leben zusätzlich, dass sie auch ihre geistliche Familie, die Gemeinde vor Ort, verlassen müssen. Neun Monate lang haben sie vielleicht keine Gemeinschaft mit anderen Glaubensgeschwistern, sie sind Versuchungen und dem Spott ihrer Kollegen ausgesetzt, von denen viele Jesus nicht kennen. Dazu die harte Arbeit, der Mangel an Zeit und die Müdigkeit. Eigentlich sollte man meinen, dass es in dieser Situation schwierig sein müsste, von Jesus begeistert zu sein und mit Freude anderen Menschen Gottes Liebe weiterzugeben? Menschlich vielleicht sogar unmöglich? Doch Gott macht das Unmögliche möglich. Das zeigt auch die nächste Geschichte.

An Bord der Mangorello

Felix Henrichs, Rotterdam

Vor mir steht Cesario, ein kleiner, stämmiger Filipino mittleren Alters, und strahlt mich an. Endlich kann er mal für eine halbe Stunde Gemeinschaft mit einem Bruder in Jesus haben. Dass ich als Pastor an Bord gekommen bin, ist für ihn etwas ganz Besonderes. »Das schönste Geschenk von Gott an diesem Tag«, sagt er freudig. Cesario ist mein geistlicher Bruder. Er ist nicht unbedingt gebildet, ein einfacher Arbeiter im Maschinenraum der Mangorello, eines großen Erzfrachters, den ich heute besuche. Bis vor fünf Minuten wusste ich noch nicht einmal, dass Cesario überhaupt existiert. Aber Gott wusste es, und er hat uns zusammengebracht.

Im Eingangsbereich staune ich über das große Treppenhaus mit rotem Teppich und einem chromglänzenden Geländer mit schmuckem Holzhandlauf, dieses Schiff macht was her. Der dicke Teppich dämpft den Laut meiner Schritte. Fast wie auf einem Kreuzfahrtschiff, denke ich. Ein Stockwerk höher gelange ich in den modernen Aufenthaltsraum des Schiffes und setze mich zu Cesario an den Tisch.

Wir trinken einen Tee zusammen und genießen die gemeinsame Zeit. Stolz erzählt er mir, dass seine Familie und seine Gemeinde auf den Philippinen viel für ihn beten. »Jesus ist das Wichtigste in unserem Leben«, davon ist er überzeugt.

Plötzlich kommt ein junger »Engine Cadet« (Auszubildender zum Schiffsingenieur) zu uns herein und stellt sich vor. Er heißt Noel und fängt gleich an, in den Büchern in seiner Sprache, die ich auf dem Tisch neben uns ausgelegt habe, zu stöbern. »Wenn wir auf hoher See sind, treffen wir zwei uns jeden Tag in meiner Kabine, um gemeinsam die Bibel zu lesen und zu beten«, erzählt Cesario unterdessen. »Dadurch hat Noel Jesus kennengelernt und folgt ihm jetzt nach.« Noel lächelt verlegen, dann fügt er hinzu: »Wir haben auch die anderen Männer an Bord eingeladen, aber sie zögern noch und lachen über uns.«

Ich ermutige die beiden, weiterzumachen, gebe ihnen Bücher und christliche DVDs und kopiere gute Predigten auf Cesarios Laptop. Zum Abschied beten wir gemeinsam und legen ihre Situation in Gottes Hände. Dann gehe ich aufs nächste Schiff.

Ein paar Wochen später schickt mir Noel folgende Nachricht über Facebook:

»Vielen Dank Felix, für die Predigten über das Evangelium und das gute Buch von Rick Warren. Ich habe das Material gerne gelesen und es hat mir in meiner Beziehung zu Jesus echt geholfen. Ich weiß jetzt, wofür ich lebe. Gott ist so wunderbar in seiner Gnade und formt mich zu etwas Gutem, wie er es will. Keine Sünde ist größer als Gottes Vergebung.

In meinem Alltag heute erlebe ich, wie Gott selbst mir hilft, dass ich nicht wieder in Versuchung und in die Sünde zurückfalle. Wenn wir unsere Sicherheit in Jesus haben, müssen wir nicht mehr in der Welt danach suchen, gepriesen sei der Name des Herrn! Möge er dich führen, um noch vielen andere Menschen zu helfen, damit sie Jesus kennenlernen, ihm glauben und vertrauen. Gott segne dich und deine Familie.«

Solche Gespräch und Nachrichten tragen mich durch und helfen mir, wenn ich selbst mal Zweifel habe, ob es noch richtig ist, in den Hafen zu fahren.

Zwei Monate später fährt die Mangorello wieder in den Hafen von Rotterdam ein. Voller Freude besuche ich gemeinsam mit einem Praktikanten aus Deutschland den dicken Frachter in Europas größtem Schüttgutterminal. Als ich an Bord komme, muss ich enttäuscht feststellen, dass Cesario früh am selben Morgen das Schiff verlassen hat und nach Hause geflogen ist. Wir haben uns nur um ein paar Stunden verpasst, schade.

Natürlich freue ich mich für ihn, dass er seine Familie wiedersehen darf, aber ich hätte mich sehr gerne persönlich von ihm verabschiedet. Nach kurzem Warten kommt Noel in den Pausenraum und nimmt mich freudig in Empfang. »Ich soll dich ganz lieb von Cesario grüßen«, strahlt er mich an. »Übrigens, wir haben in unserer Bibelgruppe Zuwachs bekommen. Unser Kollege Edwin ist inzwischen regelmäßig dabei und hat vor Kurzem Jesus als Herrn und Erlöser angenommen.« Noel hat kaum ausgeredet, da steht Edwin auch schon in der Tür, stellt sich mir vor und erzählt begeistert von der Bibelgruppe.

Ich begrüße ihn herzlich, und zu dritt genießen wir es, uns über unseren Glauben zu unterhalten. Die Gemeinschaft in Jesus eint uns, obwohl wir aus vollkommen unterschiedlichen Teilen der Erde und verschiedenen Völkern kommen. Wir lesen zusammen die Bibel und beten. In Momenten wie diesen wird mir die Realität der weltweiten Gemeinde von Jesus bewusst. Er hat seine Kinder auf allen Kontinenten …

Als ich an diesem tristen Novemberabend den schmutzigen Erzhafen verlasse und im Regen zurück nach Hause fahre, denke ich darüber nach, wie Jesus Grenzen und Mauern zwischen uns Menschen überwindet. An diesem Nachmittag auf der Mangorello hat es nichts Trennendes mehr zwischen den Asiaten und mir als Europäer gegeben, die weltweite Dimension von Gottes Gemeinde ist ein Wunder.

Was das angeht, freue ich mich schon sehr darauf, wenn Jesus eines Tages wiederkommen wird und wir gemeinsam mit unzähligen Männern und Frauen aus allen Völkern und Ländern ihn als unseren Herrn anbeten werden.

Ein Christ macht den Unterschied

Guus Peters, Antwerpen

Es war im November, als ein Kollege aus einem anderen Hafen mich per E-Mail bittet, Elroy, einen philippinischen Seemann, zu besuchen.

Elroy ist gläubiger Christ. Als ich ihn das erste Mal treffe, bin ich sofort von seiner ruhigen und ausgeglichenen Art beeindruckt. Früher hat er zwei Jahre lang für eine Ölfirma in einem streng islamischen Land in der Arabischen Welt gearbeitet. In schillernden Farben erzählt er mir seine Erlebnisse dort – und davon, wie viele Christen von den Philippinen sich als Gastarbeiter in den Ölstaaten verdingen. »Als ich damals in den Nahen Osten geflogen bin, hatte ich noch keine persönliche Beziehung zu Jesus«, sagt er.

»Wenn man als Filipino in besagtem islamischem Land am Flughafen ankommt, wird man erst mal gründlich durchsucht. Alles in meinem Gepäck, was mit dem Glauben zu tun hatte, haben sie mir weggenommen: meine Bibel, den Rosenkranz, ja sogar alle Dateien mit christlichem Inhalt haben die Zollbeamten von meinem Computer und Handy gelöscht.« Elroy war damals wie entwurzelt. »Doch eines Tages auf dem Gelände der Ölbohrfirma stieß ich auf gläubige Christen, die sich heimlich zum Bibellesen in einem leeren Schiffscontainer getroffen haben. Bei diesen Bibelstunden im Container, unter der brütenden Hitze der Wüstensonne, habe ich mich für Jesus entschieden«, schildert mir Elroy seine Bekehrung.

Seit zwei Jahren fährt er nun zur See, und er lebt seinen Glauben wirklich. Auf jedem Schiff, auf dem er arbeitet, organisiert und leitet Elroy eine Bibel- und Gebetsgruppe. Es macht Freude, Christen wie ihn im Hafen zu besuchen und eine Ermutigung für sie zu sein.

Elroy hat auf einem großen Containerschiff angeheuert, das ungefähr alle fünf Wochen Antwerpen anläuft. Vier Männer auf diesem Schiff treffen sich regelmäßig mit ihm zu Bibelstunden in seiner Kabine. Ich kann Elroy und seine Mannschaftskollegen mit Material in den passenden Sprachen versorgen, das freut die Teilnehmer der kleinen Bibelgruppe riesig.

Außerdem gebe ich ihnen ein paar Filme auf DVD weiter. Einer davon heißt »More Than Dreams« (Mehr als nur Träume). Darin schildern fünf Menschen aus Indonesien, Ägypten, der Türkei, Nigeria und dem Iran, wie Jesus sich ihnen durch Träume gezeigt und sie davon überzeugt hat, ihm ihr Leben anzuvertrauen. Stundenlang rede ich mit Elroy und seinen Freunden darüber. Wir haben eine gute Zeit und beten am Ende lange miteinander.

Fünf Wochen später, mitten in der Adventszeit, sehe ich Elroy wieder. Inzwischen ist einiges geschehen. Der Frachter mit Elroy an Bord hat in Ghana angelegt. Dort hat ihn Archie über Bordfunk angerufen. Archie, das ist ein guter Bekannter Elroys von den Philippinen, ebenfalls ein überzeugter Christ, dessen Schiff zufällig am selben Tag in dem ghanaischen Hafen ankam. Aus dem Bordfunkgerät schallten Elroy die Worte entgegen: »Elroy, kannst du mal bitte auf unser Schiff rüberkommen. Wir brauchen dringend Bibeln, hast du uns welche?«

Elroy hat Archie die meisten der Bibeln weitergegeben, die ich ihm hier in Antwerpen geschenkt hatte. Er wusste ja, dass ich ihm wieder neue geben kann. Als er in der Vorweihnachtszeit hier in Antwerpen vor mir sitzt und lachend von der Begegnung in Afrika mit seinem philippinischen Glaubensbruder erzählt, freue ich mich riesig.

Es ist so ermutigend, wie Jesus heute wirkt. Er ist das Licht der Welt und versorgt seine Nachfolger mit allem, was sie benötigen. Die Bibeln, die ich Elroy mitgegeben habe, werden in den Weihnachtstagen irgendwo auf dem Indischen Ozean gelesen – und ich bin sicher, die Botschaft von der Geburt des Sohnes Gottes wird an Bord des Schiffes, auf dem Archie arbeitet, Auswirkungen haben.

Aber das ist noch nicht alles: Elroy kam in Afrika auch in Kontakt mit einigen muslimischen Hafenarbeitern und Sicherheitsbeamten in den Städten Tema in Ghana, Abidjan in der Elfenbeinküste und Lomé in Togo, denen er wahrscheinlich noch öfter begegnen wird. Es macht ihm offensichtlich Freude, anderen Menschen von Jesus zu erzählen. Deshalb gebe ich ihm diesmal Bibeln in Französisch mit, die er an Menschen in Westafrika verteilen kann. In den Monaten darauf werden sich Issah aus Ghana und Amadou, Daouda und Mahamadou von der Elfenbeinküste durch die Gespräche mit Elroy und das Lesen der Bibel für ein Leben mit Jesus entscheiden.

Doch Elroy ist immer noch nicht fertig mit Erzählen: »In unserer Bibelgruppe in meiner Kabine«, sagt er, »hat Luke Jesus sein Leben anvertraut.«

Auch Luke werde ich bei meinen Besuchen auf den Schiffen noch öfter treffen. Er hat bei seinem nächsten Heimataufenthalt auf den Philippinen seiner muslimischen Freundin von Jesus erzählt. Die junge Frau hat sich für Jesus begeistern lassen, und inzwischen haben sie christlich geheiratet.

Das ist noch immer nicht alles: Elroy hat die Leitung der Bibelgruppe inzwischen an Schiffskoch Rudi weitergegeben. Auch er bittet mich um christliche Filme und Bibeln, denn er möchte das Evangelium nach Afrika bringen, so wie er es bei Elroy gesehen hat.

An diesem Abend, wieder zu Hause, kann ich nicht anders, als für diese seefahrenden Missionare zu beten, die voller Freude und Hingabe in jedem Hafen und auf jedem Schiff Menschen von ihrem Glauben an Jesus erzählen.

650 Geschenkpakete verteilt

Felix Henrichs, Rotterdam

Für viele Seeleute, besonders diejenigen mit christlichem Hintergrund, gibt es wahrscheinlich kaum etwas Demotivierenderes, als die Weihnachtszeit in der Fremde auf einem Schiff verbringen und arbeiten zu müssen. Denn auch in vielen ihrer Heimatländer ist das Weihnachtsfest inzwischen zu einem der wichtigsten Ereignisse des Jahres geworden, das jeder gerne im Kreis seiner Familie feiert. Mir sind Seemänner begegnet, die seit fünf Jahren nicht mehr an Weihnachten zu Hause sein konnten.

Sie fiebern darauf zu, sie planen und beten, dass es dieses Jahr endlich klappt. Wenn nicht, dann spüren sie in der Weihnachtszeit die Isolation und Einsamkeit an Bord noch schlimmer als sonst während des Jahres. Stellen Sie sich vor, was es in einer solchen Situation bedeutet, wenn jemand an Bord kommt, mit Ihnen für einen Moment Weihnachten feiert und Ihnen ein schönes Geschenk in die Hand drückt. Da erleben wir, wie gestandenen Männern die Tränen kommen.

Die Rede ist von unserer jährlichen Weihnachtsaktion, der wahrscheinlich eindrucksvollsten Form praktischer Hilfe in unserer Arbeit im Hafen. Mit großzügiger Unterstützung von Freunden und Gemeinden in Deutschland und den Niederlanden konnte ich an Weihnachten vergangenes Jahr wieder 650 Geschenkpakete an Seemänner verteilen. In den Päckchen sind praktische Sachen; Hygieneartikel wie Shampoo, Duschgel, Waschzeug und Deo, dazu Süßigkeiten, warme Mützen und vieles mehr. Wir ermutigen unsere Spender, auch selbst Pakete zusammenzustellen und uns bereits fertig zukommen zu lassen.

Mit jedem Päckchen geben wir einen schön gestalteten, großen Umschlag weiter, der einen persönlichen Brief von mir enthält, in dem ich die Bedeutung von Weihnachten erkläre, dazu andere gute Schriften mit christlichem Inhalt. So hat jedes Geschenk einen praktischen und einen geistlichen Inhalt.

Anfang Dezember packen wir gemeinsam mit Christen hier vor Ort die Pakete und verteilen sie in den Tagen vor Heiligabend auf den Schiffen. Das ist für mich immer die stressigste, aber auch die schönste Zeit des Jahres.

Sie müssten die Augen der Empfänger sehen, wenn wir um Weihnachten herum auf ihre Schiffe kommen und jedem aus der Mannschaft, der es möchte, ein großes Geschenk in die Hand drücken. Das sind mit die schönsten Momente in meiner Arbeit. Oft öffnet Gott dadurch auch Türen fürs Evangelium – ein Beispiel dafür ist die nächste Geschichte.

Weihnachten auf dem Supertanker

Felix Henrichs, Rotterdam

Mit meinem Wagen fahre ich langsam an den Schlagbaum des Ölhafens von Rotterdam heran. Mein Blick fällt auf die riesigen doppelwandigen Tanks hinter dem Zaun, in denen der wertvolle Rohstoff zwischengelagert wird, bevor er mit Binnenschiffen über den Rhein zu den vielen Chemiefirmen und Raffinerien in den Niederlanden, Deutschland, Frankreich und der Schweiz weitertransportiert wird.

Es sind nur noch wenige Tage bis Weihnachten, und ich will einen Supertanker mit indischer Besatzung besuchen. Mein Kofferraum samt umgeklappter Rückbank ist vollgepackt mit bunten Geschenken. Beim Check-in im Wärterhäuschen sage ich dem niederländischen Wachpersonal, dass ich heute den Weihnachtsmann spielen werde. Lachend gibt mir der sonst so strenge Mann von der Security die Papiere zurück und lässt mich passieren.

Ich parke am Ende des Stegs, an dem ein riesiger Öltanker vertäut liegt, eine Wand aus rotem Stahl ragt fünf Stockwerke über mir gen Himmel. Es ist beißend kalt. Unter mir verläuft eine Pipeline, die über riesige Stutzen vom Pier aus direkt mit den gigantischen Öltanks des Schiffes verbunden worden ist. Tausende Tonnen Öl aus einem der Golfstaaten werden hier in nur wenigen Tagen abgepumpt, vieles davon wird bereits in den Raffinerien direkt im Hafen zu Benzin und Diesel weiterverarbeitet.

Da auf den Tanker nicht die sonst übliche Gangway nach oben führt, muss ich stattdessen einen schwankenden Steg überqueren und an dessen Ende einen Turm mit fünf

Etagen erklimmen, das Konstrukt ähnelt einem Baugerüst. In schwindelerregender Höhe geht es über ein brückenartiges Gebilde auf das riesige Schiff. Gut, dass ich keine Höhenangst habe.

An Deck begrüßt mich ein freundlicher indischer Wachmann von der Mannschaft des Supertankers. »Hallo, ich bin Felix von der Seemannsmission«, stelle ich mich ihm vor. »Was hältst du davon, wenn ich mit euch ein wenig Weihnachten feiere, ich habe auch Geschenke mitgebracht!« Mein Gegenüber ist sofort hellauf begeistert.

Der alles durchdringende Gestank nach Öl steigt mir in die Nase. Da stehen wir auf Deck, mitten in einem Rohrgeflecht, das unentwirrbar in hunderten rechten Winkeln das grau gestrichene Deck des Tankers überzieht. Überall sind deutlich sichtbar Warnschilder angebracht, dass Rauchen und offenes Feuer an Bord strengstens verboten sind. Man will sich gar nicht ausmalen, was passieren könnte, wenn sich jemand nicht daran halten sollte.

Wir unterhalten uns einen Moment. Nachdem ich den Inder gefragt habe, wie viel Mann Besatzung an Bord sind, bitte ich ihn, ob mir ein paar von ihnen beim Tragen meiner Weihnachtsgeschenke behilflich sein können. Über Bordfunk ruft er sofort drei Kameraden herbei, die mit mir zurück zum Auto gehen. Gemeinsam tragen wir fast dreißig Geschenkpakete an Bord. Sie lachen und feixen dabei miteinander wie Kinder voller Vorfreude auf das, was sie gleich auspacken dürfen …

Ich folge den Männern übers Deck durch das Labyrinth aus Rohren jeglichen Durchmessers zur Tür an der Seite der hohen Aufbauten am Heck. Gemeinsam betreten wir den Innenraum des Schiffes. Im Speiseraum steht schon ein festlich geschmückter Plastikweihnachtsbaum. Bunte

Girlanden schmücken die Wände und Decke. Erschöpft von der Last der Pakete legen wir sie um den Baum herum ab.

Dann kommt ein Befehl von oben, von der Brücke: Erst am ersten Weihnachtstag, den die Männer auf hoher See verbringen werden, dürfen sie die Geschenke auspacken. Order vom Kapitän persönlich. Zuerst etwas enttäuschte Blicke: »Weihnachten ist ja schon in zwei Tagen«, lächle ich die Matrosen an. Sie sind sichtlich gerührt und bedanken sich überschwänglich. Nach meiner kleinen Andacht haben manche Freudentränen in den Augen. Ich wünsche ihnen frohe Weihnachten, verabschiede mich und fahre weiter, ans nächste Schiff heran, um auch dort Pakete zu verteilen …

Zwei Monate später ist der große Tanker wieder zurück in Rotterdam. Als ich mich übers Internet für den erneuten Besuch auf dem Schiff anmelde, freue ich mich schon, die indischen Männer wiederzusehen. Pünktlich zum Mittagessen betrete ich den Speisesaal an Bord. Inzwischen sind der Schmuck und der Weihnachtsbaum wieder weggeräumt. Der Steward, ein junger Moslem aus Kerala in Südindien, erzählt mir, dass sie eine wunderschöne Weihnachtsfeier hatten.

»Das haben wir dir zu verdanken«, sagt er. »Die Geschenke waren super, und auch der Inhalt deines Briefes hat mich sehr angesprochen. Der Koch hat für uns ein großes Festessen zubereitet, danach haben wir gemeinsam eure Geschenke geöffnet. Vielen Dank!« Herzlich lädt er mich ein, mich an ihrem indischen Büfett zu bedienen. Mit einem reich gefüllten Teller köstlich duftender Currygerichte setze ich mich zu ihm und einem anderen Mann an den Tisch.

Der ist Hindu und heißt Apu. Auch er bedankt sich für das Geschenk, das er erhalten hat. »Mir hat besonders das

Kinderbuch mit den 25 Geschichten aus der Bibel gefallen«, sagt er. »Ich habe vorher noch nie etwas aus der Bibel gehört. Diese Geschichten haben mich sehr angesprochen.« Ich frage ihn, ob er noch mehr solche Geschichten lesen will. »Ja, das würde ich gern, aber ich kann nicht so gut in Englisch lesen«, erklärt er. »Kein Problem«, antworte ich. »Ich habe in meinem Rucksack auch eine Bibel in Hindi, möchtest du sie haben?«

Apu kann kaum glauben, dass ich tatsächlich eine Bibel in seiner Sprache dabeihabe. »Ist das wirklich wahr? In meiner Muttersprache Hindi? So etwas habe ich noch nie bekommen«, sagt er, während ich ihm die Bibel überreiche. Voller Freude schlägt er das Buch auf und beginnt sofort, darin zu lesen. Das Essen vergisst er fast dabei.

Inzwischen ist der Supertanker wieder im Orient unterwegs, und ich bin gespannt, was Apu mir erzählt, wenn wir uns das nächste Mal begegnen.

Die »Corona Unity Church«

Felix Henrichs, Rotterdam

In den vergangenen Jahren habe ich eine wichtige Entdeckung gemacht: Nämlich, wie sehr Gott mich selbst durch die vielen Begegnungen mit den Seemännern aus aller Welt beschenkt. Mancher von ihnen ist mir zum guten Freund und Vorbild geworden. Mein größtes Vorbild, wie man den Glauben an Jesus authentisch lebt, ist Remigio, den ich vor zwei Jahren zum ersten Mal getroffen habe.

Remigio arbeitet derzeit auf der »Corona«, dem Bulkcarrier (Massengutfrachter) einer japanischen Reederei, der dreimal jährlich in Rotterdam anlegt – ich besuche Remigio jedes Mal, wenn die Corona im Hafen liegt.

Sie ist ein Schiff der »Cape Size«-Klasse mit einer Besatzung von 21 Mann. »Cape Size« bedeutet, dass es aufgrund seiner Übergröße weder den Panama- noch den Suezkanal durchfahren kann. Sie würde wegen zu viel Tiefgang und Überbreite auf Grund laufen oder stecken bleiben. Deshalb muss die Corona bei ihren Fahrten vom Pazifik in den Atlantik und wieder zurück immer ums stürmische Kap Horn an der Südspitze Amerikas oder ums »Kap der Guten Hoffnung«, dem äußersten Süden Afrikas, herumfahren. Ein gewaltiger Umweg, der sich jedoch lohnt aufgrund der Riesenmenge an Ladung, die die Corona aufnehmen kann.

Remigio ist der »Chief Engineer«, der Erste Ingenieur an Bord. Das ist der zweithöchste Rang überhaupt. Gleichzeitig ist er der Chef des Maschinenraumes, ein verantwortungsvoller Job, der viel Erfahrung und Arbeitseinsatz voraussetzt. Remigio ist 54 Jahre alt, kommt von den

Philippinen und er ist mir ein echter Glaubensbruder in Christus.

Mit seiner Frau Maria und ihrem Sohn Joshua gehört er in seiner Heimat, der Provinz Cavite südlich von Manila, einer Baptistengemeinde an, die sie treu besuchen. Jedes Jahr verlässt er für neun Monate seine Familie, um ihren Lebensunterhalt an Bord eines Schiffes zu verdienen. Mit seinem guten Gehalt unterstützt er nicht nur die Familie, sondern auch ihre Gemeinde und die Mission.

Remigio bläst in den herausfordernden Zeiten an Bord so eines Bulkcarriers nicht etwa Trübsal, wie andere Seeleute. Mit Gottes Hilfe hat er bisher auf jedem Schiff, auf dem er Dienst getan hat, eine Bibelgruppe gegründet – auf der Corona sogar mit besonderem Erfolg: An Bord dieses Frachters ist eine ganze Gemeinde entstanden. Die gesamte Besatzung stammt von den Philippinen. Sie nehmen alle gerne an Remigios wöchentlichen Gottesdiensten in der Offiziersmesse teil. Selbst der Kapitän kommt mit dazu. So fungiert Remigio auf hoher See Sonntag für Sonntag als Pastor seiner eigenen kleinen Schiffsgemeinde, mitten auf dem Ozean. Er predigt seinen Mannschaftskameraden und Vorgesetzten Gottes Wort. Durch sein vorbildliches Leben hat jeder Satz aus seinem Mund ein besonderes Gewicht, und die Männer hören ihm aufmerksam zu. Auch heute, als ich ihn besuche. Der kleine, 54-jährige Filipino mit dem offenherzigen, gewinnenden Lächeln ist ein lebendiges Instrument in Gottes Hand.

Der Kapitän, ein ehrwürdiger Seebär mit grauem Haar, setzt sich zu uns. Ich komme ins Grübeln, wie viel Verantwortung auf diesen beiden Männern lastet. Zum einen für ihre Ladung, die jedes Mal Millionen von Euro wert ist. Aber auch für die 20 Seelen an Bord – und beide nehmen auch diese Verantwortung gleich in doppelter Hinsicht ernst. Nicht nur, was das Berufliche angeht, sondern auch in der Freizeit, sonst gäbe es keine christliche Gemeinde an Bord.

Als Remigio uns kurz alleine lässt, erklärt mir der liebenswürdige philippinische Kapitän, weshalb er froh ist, dass es Remigios Gottesdienste gibt: »Unsere Schiffsgemeinde trägt maßgeblich dazu bei, dass die Atmosphäre an Bord positiv geprägt wird«, sagt er und betont, dass auch er selbst wirklich gerne die Gottesdienste besucht.

Dass die Gemeinde an Bord die Stimmung hebt, ist auch dem Repräsentanten der japanischen Reederei aufgefallen, den ich bei meinem Besuch später noch treffe. »Wir sind froh, dass die Seeleute eine Kirche auf ihrem Schiff haben. Dadurch tun sie ihre Arbeit besser, sie sind seelisch im Gleichgewicht«, sagt der freundliche Buddhist. Dankbar nimmt er am Ende unserer Unterhaltung einen Film über das Leben von Jesus in Japanisch mit.

Dann begleite ich Remigio in seine Kabine, wo wir uns noch lange unterhalten. Er freut sich riesig über die Bibeln, die ich seiner Schiffsgemeinde mitgebracht habe, und erzählt, wie er sich in seiner Freizeit auf die Predigten vorbereitet. Er erstellt sich immer einen Plan für den nächsten Monat, sodass er fortlaufende Themen aus der Bibel aufgreifen und der Mannschaft erklären kann. Auf seinem Schreibtisch stapeln sich christliche Bücher und DVDs, und auf seinem Laptop hat er etliche Bibelprogramme, die er dabei verwendet.

Über Skype unterhalten wir uns später noch ein paar Minuten mit seiner Frau auf den Philippinen. Sie freut sich sehr, dass ihr Mann hier in Europa einem Pastor und Glaubensbruder begegnet ist.

Insgesamt besuche ich Remigio dreimal auf der Corona. Nach und nach lerne ich auch seine Kollegen kennen und sehe, welche Auswirkungen Remigios Gemeindegründung auf sie hat. Kommen Seeleute das erste Mal neu an Bord, hören sie in den Gottesdiensten, viele von ihnen zum ersten Mal in ihrem Leben, von Jesus. Sie staunen über die fröhlichen Lieder und die guten Predigten. So mancher verschlingt daraufhin förmlich in der vielen freien Zeit auf den Ozeanen die Bibel und wächst im Glauben.

Der grauhaarige Kapitän ist begeistert davon: »Remigio ist mein Freund. Wenn ich zu Hause bin, will ich seine Familie und Gemeinde besuchen und mehr von Jesus hören«, sagt er. »Ich hoffe, dass ich auf jedem Schiff mit Remigio zusammen fahren kann.« Dann muss der Kapitän weiter, denn er hat noch eine Menge Papierkram zu erledigen, bevor die Corona den Hafen wieder verlassen kann.

Mit seiner Erlaubnis begleite ich Remigio mit dem Lift noch in den Maschinenraum und sehe ihm zu, wie er mit zwei seiner Kollegen die Kolbenringe eines der sechs Zylinder des Schiffsmotors austauscht. Es sind metergroße Teile, größer als Remigio selbst. Sie heben den Kolben mit der Pleuelstange mit einem Kran oben aus dem Zylindergehäuse. Alles riecht nach Öl. Beeindruckt genieße ich dieses einmalige Schauspiel, während hinter mir im stickigheißen Maschinenraum ein Dieselgenerator laut vor sich hin brummt.

Nach getaner Arbeit verabschiede ich mich von Remigio, der schweißgebadet und ölverschmiert lächelnd vor mir steht, und der restlichen Crew der Corona, die früh am Morgen wieder Richtung Südamerika ablegen wird. Ich werde ihn und seine Mannschaft vermissen.

Gott wollte, dass wir uns treffen

Guus Peters, Antwerpen

Montagabends habe ich Dienst im katholischen Seemannsklub in Antwerpen, Belgiens größtem Hafen. Im Klub gehen Seeleute aus aller Welt vor Anker, hier können sie kostenlos E-Mail und Internet nutzen, Telefonate nach Hause, zu ihren Reedereien und zu Behörden führen, sich unterhalten oder einfach ein bisschen entspannen.

Der Seemannsklub ist gemütlich eingerichtet, an der Bar sitzen oft Männer und trinken ein Glas »Leffe Brune«, »Gulden Drake« oder »Chimay Premiere«, das dunkle, belgische Bier ist berühmt. Ich heiße sie herzlich willkommen in Belgien und unterhalte mich ein wenig. Dann biete ich ihnen an, dass ich gerne für sie zur Verfügung stehe, falls jemand von ihnen reden, ein Gebet oder eine Bibelstunde haben will.

Viele gehen gerne auf dieses Angebot ein. Kürzlich durfte ich in der kleinen Kapelle unseres Klubs sogar einen alten amerikanischen Haudegen von Kapitän zu Jesus führen, aber das ist eine andere Geschichte …

Heute möchte ich Ihnen von Jussuf erzählen, einem jungen Seemann aus Algerien, der eines Abends bei mir am Tisch sitzt und mehr über das Christentum wissen will. Der junge Araber mit Kapuzenjacke und Basecap (Schildkappe) nimmt einen Schluck seiner Cola. Ich fragte ihn, warum er etwas über Jesus wissen will. »Weil ich selbst entscheiden möchte, was richtig und was falsch ist«, sagt er. »Meiner Meinung nach ist es am besten, zu lernen, solange ich noch jung bin.« Seine freiheitliche Einstellung gefällt mir, also lade ich ihn ein, mit mir in die Kapelle zu gehen. In unserem Gebetsraum können wir ungestört reden.

Wir setzen uns auf eine der Bänke. Sofort stellt er seine erste Frage: »Warum feiern die Christen Weihnachten an verschiedenen Tagen? Manche Kirchen am 25. Dezember, andere am 6. und 8. Januar?« Da muss ich passen: »Ich weiß es nicht genau, aber an welchem Tag Weihnachten gefeiert wird, ist ja eigentlich auch gar nicht so wichtig. Weihnachten ist für uns Christen die Erinnerung daran, dass Jesus in die Welt kam. An welchem Datum wir das feiern, ist zweitrangig. Wichtiger ist die Frage, ob Jesus in unserem Herz geboren wurde.« Jussuf hört gespannt zu, man könnte eine Nadel fallen hören in der kleinen Kapelle.

»Das ist wie mit dem Koran, eurem heiligen Buch«, fahre ich fort. »Der Koran wird von vielen Muslimen als heilig angesehen, und für viele Christen ist auch die Bibel heilig. Aber Koran und Bibel sind beides nur Bücher. Statt dem Buch Gottes zu folgen, sollten wir lieber dem Gott des Buches nachfolgen. Anstatt nach Wundern Gottes zu suchen, müssen wir uns auf die Suche nach dem Gott der Wunder machen. Anstatt das Buch Gottes zu lieben, sollten wir Gott selbst lieben.« Das leuchtet Jussuf ein.

»Was ist denn der zentrale Unterschied zwischen Christentum und Islam«, fragt er weiter. »Der zwischen Religion und Beziehung«, antworte ich dem jungen Algerier. »Religion gibt dir eine Reihe von Regeln und Gesetzen, die du befolgen kannst. Beziehung beschreibt den Kontakt zweier Herzen. Einen solchen Kontakt habe ich zu Gott, das hat Jesus mir möglich gemacht.«

Jussufs Blick hängt förmlich an meinen Lippen, als ich ihm das Evangelium näher erkläre, wie ein Mensch zum

Kind und Freund von Gott wird. Dann bittet er mich, ihm eine Bibel zu geben. Nie zuvor habe ich jemanden erlebt, der sich so sehr über seine erste Bibel gefreut hat wie Jussuf an diesem Abend. Er flippt fast aus vor Freude, nimmt mich in den Arm und verspricht mir felsenfest, das Wort Gottes zu lesen. Dann verabschiedet er sich freundlich und fährt mit dem Bus zurück zu seinem Schiff.

Drei Monate später liegt sein Schiff wieder im Hafen von Antwerpen. Am Sonntag kommt Jussuf in den Seemannsklub, aber ich bin nicht da. Ich habe montags dort Dienst. Er hinterlässt mir eine Notiz. Darin teilt er mit, dass er mir die ausgefüllten Testseiten des Bibelkurses geben und noch mehr Fragen stellen will. Daraufhin besuche ich am nächsten Tag sein Schiff. Leider verpassen wir uns wieder, er ist nicht an Bord. Am nächsten Tag hat sein Schiff abgelegt, ohne dass wir uns getroffen haben.

Weitere sechs Wochen später ist es wieder in Antwerpen zurück. Als ich das mitbekomme, steige ich sofort ins Auto und fahre in den Hafen. Wenige Kilometer von dem Schiff entfernt gerate ich in einen Stau, es geht weder vor noch zurück. Ich schaue mich um, und da: Auf dem Bürgersteig geht Jussuf, kilometerweit von seinem Schiff entfernt.

Wenn ich nicht im Stau gestanden hätte, hätte ich ihn erneut verpasst. Also hupe ich und rufe: »Jussuf, Jussuf, komm her!« Der nette, junge Algerier setzt sich zu mir ins Auto und küsst mich, wie es in seiner Heimat Algerien zur Begrüßung unter Freunden üblich ist, auf die Wange. »Hallo Guus. Ich bin so froh, dich wiederzusehen. Ich hätte die Möglichkeit gehabt, auf einem anderen Schiff zu arbeiten, auf dem ich viel mehr verdient hätte, aber ich wollte lieber dich wiedertreffen und mehr von Jesus hören«, platzt es aus ihm heraus. Was für eine Wiedersehensfreude …

Ich nehme ihn mit in den Seemannsklub, dort gehen wir gemeinsam seinen ganzen Bibelkorrespondenzkurs durch – alle 120 Fragen. Ich staune, er hat nur sechs Fehler gemacht. Daraufhin sage ich zu Jussuf, dass er das Evangelium offensichtlich gut verstanden hat, sonst hätte er nie ein so gutes Ergebnis erzielen können. »Wenn man selber daran glaubt, dass Jesus Gott ist und dass es um Vergebung geht, dann ist es nicht mehr schwer, bei eurem Kurs eine gute Punktzahl zu bekommen«, lacht Jussuf.

Ich frage ihn, ob er Jesus Christus als Gott und Erlöser in sein Herz einladen möchte. Er sagt ganz einfach: »Ja.« Dann frage ich ihn, ob ich für ihn beten und ihn segnen darf. »Einverstanden«, sagt er. So bete ich für ihn und bitte unseren guten Herrn um Führung, Liebe, Weisheit und Bewahrung für Jussuf.

Seitdem haben Jussuf und ich regelmäßigen Kontakt per E-Mail und der junge Mann macht gute Fortschritte im Glauben.

Am oberen Ende der Leiter

Felix Henrichs, Rotterdam

Mit flauem Magen und zitternden Knien hänge ich direkt an der Bordwand, acht Meter über dem Boden, an der Seite eines Schiffes, das gerade Altmetall lädt. Eine kurze Verschnaufpause, dann steige ich die wackelnde und flatternde Strickleiter weiter hinauf.

Normalerweise wird sie nur verwendet, um auf hoher See den Lotsen von seinem Boot aufs Schiff zu befördern, damit er es sicher in den Hafen steuern kann. Der muss was gewohnt sein, denke ich, denn bei Seegang könnte ich das auf keinen Fall. Heute bleibt mir nichts übrig, als diesen unbequemen Weg zu nehmen, denn die übliche Treppe der Gangway ist nicht ausgefahren.

Auf dem Rücken trage ich meinen schweren Rucksack voll mit Bibeln und anderem Material. Die Last nimmt mir jegliche Zweifel an der Existenz der Schwerkraft, ihr Gewicht zieht mich beharrlich nach unten. Niemand an Bord ist auf die Idee gekommen, mich zu sichern. Obwohl ich Handschuhe trage, lässt der kalte Winterwind meine Finger taub werden. »Jesus, bitte hilf mir da raufzukommen«, bete ich und klettere weiter. Eigentlich bin ich schwindelfrei, doch eine Strickleiter dieser Höhe ist auch für mich eine Herausforderung.

Plötzlich ein Poltern. Hinter mir ist ein verbeulter Kühlschrank aufs Kai hinuntergekracht. Er ist dem großen Greifer, der das Altmetall in die Laderäume befördert, aus seinen Klauen gefallen. Dieser Greifer erinnert mich bei genauerer Betrachtung ans Maul eines Drachen. Der wertvolle Schrott wird nach Ägypten gebracht, erfahre ich später oben an Bord. Dort wird er wieder eingeschmolzen und recycelt.

Ich weiß nicht, ob ich jemals auf dieses Schiff gestiegen wäre, wenn mich nicht mein Kollege aus Sydney ausdrücklich per E-Mail darum gebeten hätte. Also nehme ich erneut allen Mut zusammen und klettere weiter nach oben. An der Reling wird es noch mal knifflig, denn ich muss über das Geländer steigen. Dann endlich, geschafft! »Danke, Herr!«

Nach etwas Suchen finde ich den Wachhabenden, stelle mich ihm vor und trage mich ins Besucherlogbuch ein. Er schaut mich anerkennend an, dass ich tatsächlich diesen Weg heraufgekommen bin.

Der Großteil der Männer an Bord dieses Frachters kommt wie so oft von den Philippinen, der Kapitän und ein paar Offiziere allerdings stammen aus der Ukraine. Kaum habe ich mich im gut beheizten Pausenraum hingesetzt, Jacke und Handschuhe ausgezogen und den Inhalt meines Rucksacks ausgepackt, steht ein kleiner, älterer Mann mit grauem Haar und Schnurrbart vor mir, strahlt auf mich herab und reicht mir die Hand:

»Hallo, ich bin Remilino. Bist du der Freund von Bruder Rob aus Sydney?« Ich bejahe, sofort sind wir im Gespräch. Remilino ist ein gläubiger Seemann, der gemeinsam mit Mannschaftskollegen seines Schiffes die Bibel studiert. Anhand von Bibelkursen erklärt er den anderen Seeleuten das Evangelium. »Im Moment treffe ich mich jeden Sonntag mit sechs Filipinos«, erzählt er. »Wenn ich nicht in meine Gemeinde zu Hause gehen kann, muss ich mir die Gemeinde halt aufs Schiff holen«, sagt er verschmitzt.

Im Laufe der Jahre haben durch Remilinos Einsatz eine ganze Reihe von Seeleuten Jesus kennen- und lieben gelernt. Er bittet mich um Bibeln in Englisch und Tagalog, der Landessprache der Philippinen. Die habe ich ihm gerne mitgebracht. Wir sitzen in der Offiziersmesse, umringt von seinen Freunden. Die Bibeln sind schneller unter die Männer verteilt, als ich schauen kann. Es verblüfft mich, wie die anderen Seeleute über mein Material herfallen. So ein Interesse erlebe ich nicht jeden Tag. Während ich mit Remilino zu Mittag esse, ergeben sich gute Gespräche mit anderen Filipinos aus seiner Mannschaft. Remilino unterstützt mich eifrig. Wir sind wie ein eingespieltes Team, obwohl wir uns kaum kennen.

»Wir brauchen noch mehr Bibeln, kannst du uns welche bringen?«, bittet er. »Ich habe eine bessere Idee«, schlage ich ihm vor, weil mir der Aufstieg über die schrecklich schwankende Strickleiter draußen noch zu sehr in den Knochen steckt: »Warum kommst du nicht mit einem deiner Freunde mit zu mir nach Hause. Dann könnt ihr im Literaturlager selbst die Bibeln und das Material aussuchen, das ihr braucht. Danach essen wir zusammen und ihr könnt meine Familie kennenlernen.«

Remilino ist begeistert. Ich hole ihn und einen seiner Kameraden abends ab. Nach einem Abstecher in mein Literaturlager fahren wir zu uns nach Hause. Die Kinder haben ihren Spaß mit den fremden Gästen. Es tut den Seemännern sichtlich gut, mal vom Schiff herunter zu sein und normalen Familienalltag zu erleben. Seine eigenen Kinder sind schon groß und aus dem Haus, erzählt Remilino, die Zuneigung unserer kleinen Emilie tut ihm sichtlich gut.

Spät in der Nacht fahren wir wieder beim Schiff vor. Mit zwei schweren Taschen voller Bibeln, Büchern, DVDs und sonstiger christlicher Literatur steigen die beiden Männer besagte im Licht eines Scheinwerfers spärlich beleuchtete, schwankende Strickleiter hinauf. Von Engeln behütet erreichen sie mühsam das Deck.

Nun ist Remilino wieder auf See. Sie fahren durch den Ärmelkanal, die französische, spanische und portugiesische Küste entlang durch die Straße von Gibraltar ins Mittelmeer. In einigen Tagen werden sie in Ägypten den Metallschrott entladen. Remilinos Gepäck enthält evangelistische Bücher und Filme in Arabisch, die er unter Hafenarbeitern dort verteilen will.

Überzeugte Christen wie er aus aller Welt sind Teil meines Teams. Sie sind unser verlängerter Arm und tragen die Frohe Botschaft um die Welt. Ich bete viel für Remilino und seine Freunde.

Vom Smutje zum Missionar

Felix Henrichs, Rotterdam

Im riesigen Hafen von Rotterdam begegne ich Seeleuten aus 77 Nationen. Ich kann Chilenen, Thailändern und Menschen von kleinen Inseln wie Mauritius und St. Lucia als Seelsorger beistehen und ihnen von Jesus weitersagen. Eine enorme offene Tür, um hier, in einer europäischen Stadt, die ganze Welt mit der froh machenden Botschaft der Bibel zu erreichen. Ich fühle mich so privilegiert, wenn ich die Seeleute besuche!

Darüber denke ich auf meinem Weg durchs Uniport, einem der ältesten Containerterminals von Rotterdam nach. Seit drei Jahren arbeite ich im Hafen und kenne mich mittlerweile hier gut aus. Doch dieses Terminal ist unübersichtlich, man muss extrem aufpassen zwischen den riesigen Kränen, Lastwagen und Vancarriers, den hochbeinigen Ungetümen, die Container von einer Stelle zur anderen fahren.

Heute besuche ich die Luganville, ein kleineres Containerschiff, das zwischen Europa und dem Mittleren Osten hin- und herpendelt. Einmal im Monat kommt es zum Be- und Entladen in unseren Hafen. Auf diesem Frachter arbeitet mein Freund Jeremy von den Philippinen.

Jeremy ist der Smutje, der Schiffskoch, und er stammt aus einer katholischen Familie. Vor einigen Monaten hat er sich, alleine in seiner kleinen Kabine, durchs Lesen der Bibel für Jesus entschieden. Als ich ihn das erste Mal treffe, traut er sich noch kaum, seinen Mannschaftskollegen davon zu erzählen. Wir beten gemeinsam, dass Gott ihn dazu befähigt, und ich ermutige ihn. Dann muss ich weiter, denn ich bin auf einem anderen Frachter mit einem Freund verabredet.

Ein paar Wochen später, bei meinem zweiten Besuch, freut sich Jeremy sehr, mich wiederzusehen. Obwohl er nur wenig Zeit hat, will er unbedingt mit mir reden. Jeremy sehnt sich nach Gemeinschaft mit Glaubensgeschwistern. Er erzählt mir, wie sehr ihn mein erster Besuch aufgebaut hat. Inzwischen hat Gott auch unser Gebet erhört und Jeremy den Mut geschenkt, sich vor den anderen Mannschaftsangehörigen auf der Luganville zu seinem Glauben zu bekennen. Er freut sich riesig über die Studienbibel, die ich ihm schenke. Jetzt kann er Gottes Wort studieren und im Glauben weiter wachsen.

Diesmal, bei meinem dritten Besuch, bleibe ich vier Stunden auf Jeremys Schiff, er ist mir sehr ans Herz gewachsen. Einige seiner Mannschaftskollegen zeigen inzwischen Interesse am Evangelium, weil sie sehen, was Jeremys neuer Glaube für eine Freude in ihm ausgelöst hat. Zwei von ihnen, Darry und Arnold, haben bereits unterwegs auf See Jesus angenommen. Mit beiden habe ich gute Gespräche und kann sie mit christlichen Büchern und Filmen versorgen. Bevor ich gehe, kommt Darry: »Felix, ich bin Gott so dankbar, dass er dich auf unser Schiff geschickt hat. Bitte besuch uns wieder und erzähl uns noch mehr von Jesus.«

Diese neuen Christen unter den Seeleuten sind mir immer eine riesige Ermutigung. Sie strahlen so eine Freude im Glauben aus und brennen für Jesus, obwohl sie doch Monate auf See unterwegs sind, bevor sie endlich wieder in ihre Gemeinden und zu ihren Familien nach Hause kommen. Wären wir da auch so begeistert von Jesus?

Beim Abschied gebe ich Jeremy noch christliche Schriften in Arabisch mit, die er in Häfen im Mittleren Osten verteilen möchte. Es freut mich, dass ich Darry, Arnold und ihn bald wiedersehen werde, und ich bin gespannt, was sie bis dahin erlebt haben.

Omids Traum …

Guus Peters, Gent

Auf einem Tanker aus dem Iran treffe ich Omid, einen alten Bekannten. Omid ist ein Perser wie aus dem Bilderbuch. Er liebt Gedichte, Literatur und gutes Essen, ist sensibel und eher ruhig, ich führe gerne Gespräche mit ihm. Wir haben uns früher schon einmal kurz unterhalten, damals habe ich ihm einen Jesus-Film in seiner Muttersprache Farsi geschenkt. Heute erzählt mir Omid, dass er den Film mag. Doch die Frage, ob die DVD Auswirkungen auf sein Leben gehabt hat, verneint er kategorisch.

Dann fragt mich Omid, ob er mir einen bedrückenden Traum schildern darf, den er kürzlich hatte. Das interessiert mich, schließlich weiß ich, dass Träume für Muslime sehr bedeutungsvoll sein können. Sein großes Vertrauen freut mich …

Das wettergegerbte Gesicht des persischen Seemannes, der um die 40 Jahre alt ist, wird ernst. Er beschreibt mir, dass er sich in seinem Traum nicht mehr bewegen konnte, er konnte noch nicht einmal mehr mit den Augen zwinkern. Die Menschen um ihn herum dachten alle, er sei tot. »Sie legten mich in einen Sarg«, so beschreibt er seine Vision, »und wollten mich tatsächlich begraben!« Im Traum wollte er schreien, doch kein Laut kam aus seinem Mund. »Entsetzt bin ich in diesem Moment erwacht. Schweißgebadet habe ich mich auf die Bettkante in meiner Kabine gesetzt, seither hat mich dieser Traum nicht mehr losgelassen.«

Ich schaue Omid tief in die Augen und erkläre ihm, dass sein Traum für mich einfach zu deuten ist – zeigt er doch schlicht seinen geistlichen Zustand auf. Verblüfft schaut er mich an, als ich fortfahre: »Deine Religion lehrt, dass wir Menschen von unserem Schöpfer weit getrennt sind. Sie fordert von uns viele religiöse Taten, doch diese reichen nicht aus, um die Kluft zu Gott zu überwinden. Wir sind versklavt, geistlich tot und können uns nicht bewegen – weder nach rechts noch nach links. Du kannst nicht einmal blinzeln oder den Mund öffnen«, beschreibe ich es ihm. »Du fühlst dich, als wärst du lebendig begraben. Wir können uns nicht retten. Der einzige Weg, um aus deinem Sarg herauszukommen, ist, dich von Jesus Christus retten zu lassen.«

Dann frage ich Omid, weshalb er sich den Film über Jesus angesehen, jedoch die Botschaft nicht an sein Herz herangelassen hat? Meine Worte berühren ihn sichtlich: »Gott hat dir den Traum geschenkt – nicht, um dir Angst zu machen, sondern damit du von den Toten auferstehst. Dafür brauchen wir Menschen Jesus, den du im Film gesehen hast und den ich dir hier bezeuge. Jesus hat das Problem von Sünde und Tod gelöst. Er ist für dich gestorben, damit du herauskommst aus deinem Sarg, damit du ewig lebst und nie wieder Angst vor dem Tod haben musst …«

Omid schluckt schwer, die Todesangst aus seinem Traum steht ihm noch deutlich ins Gesicht geschrieben.

»Durch deinen Traum und die Tatsache, dass wir uns wieder begegnet sind, lädt Gott dich ein weiteres Mal ein, Jesus anzunehmen, der dich von deinen Sünden befreien will.« Beim Stichwort »Sünde« steht Omid offensichtlich etwas ganz Konkretes vor Augen, denn der sanfte Iraner fängt plötzlich an zu weinen. Dann sagt er: »Ja, ich will Sündenvergebung und ewiges Leben haben« – und wir beten miteinander …

Noch etwas anderes bleibt mir von diesem Tag unvergesslich: An Bord von Omids Schiff gibt es nämlich einen weiteren überzeugten Christen aus einem anderen Land: Joshua. Nach unserem Gespräch konnte ich die beiden zusammenbringen, seither treffen sich Omid und Joshua zum gemeinsamen Bibellesen und Beten. Ich gebe Omid gutes Material in seiner Sprache Farsi mit – und dasselbe in Englisch an Joshua. So können sie gemeinsam die Bibel studieren und im Glauben vorankommen.

Micals Wut und seine Träume

Felix Henrichs, Rotterdam

Seit zwei Jahren kenne ich Mical, den Zweiten Offizier eines kleinen Containerschiffes von den Philippinen, das ich regelmäßig besuche. Mical ist überaus höflich und freundlich, wenn wir uns treffen, ein guter Offizier, und immer viel beschäftigt. Trotzdem hat er sich schon ab und zu Zeit für mich genommen, weil er sich mit mir über den Glauben unterhalten wollte. Mical vertraut mir. Er liest regelmäßig seine Bibel und weiß, dass er sein Leben ganz Jesus in die Hand legen sollte, aber die Entscheidung dazu schiebt der Offizier schon lange vor sich her.

Für einen gestandenen Mann wie ihn, der auf dem Schiff so richtig Karriere gemacht hat, ist der Schritt, allein auf Jesus und nicht mehr auf seine eigenen Fähigkeiten zu vertrauen, alles andere als einfach. Was würden seine Freunde und seine Familie zu ihm sagen, wenn er sich tatsächlich für Jesus entscheiden würde? Keine einfache Frage.

Eines Tages sitze ich mit Mical auf einem der ledergepolsterten Sitze in der Offizierslounge seines Frachters. Da beginnt der höfliche Asiate, mir ein Problem zu beschreiben, mit dem er gerade kämpft. Was er mir erzählt, hätte ich bei jemandem mit einer so gewählten Ausdrucksweise und Höflichkeit nie im Leben erwartet:

»Ich habe ein echtes Problem mit heftigen Wutanfällen, die ich einfach nicht loswerde«, beschreibt Mical mir seine Not. Wenn jemand einen Streit mit ihm anfängt, gerät er regelmäßig völlig außer Kontrolle. »Manchmal habe ich sogar meine Frau geschlagen«, weint er. »Hinterher schäme ich mich so dafür.« Seit diesem Gespräch bete ich viel für Mical.

Bei meinem nächsten Besuch sehe ich sofort an seinem Gesichtsausdruck, dass ihn irgendetwas schwer belastet. Er ist bedrückt, obwohl er bald nach Hause fliegen und seine Frau und seine Kinder wiedersehen kann. Als ich Mical frage, was los ist, setzt er sich zu mir an den Tisch im engen Speiseraum des Schiffes. Wir sind alleine, als er erzählt: »Heute Nacht hatte ich zwei sehr beängstigende Träume – kannst du mir erklären, was sie bedeuten?«

Ich fühle mich zuerst etwas überfordert, schließlich bin ich nicht der Prophet Daniel aus dem Alten Testament. Nie zuvor in meinem Leben hat mich jemand aufgefordert, seine Träume zu deuten. Mit klopfendem Herzen bitte ich ihn, »Erzähl mir deine Träume«, während ich still in Gedanken Gott um Hilfe bei der Deutung bitte.

»In meinem ersten Traum war ich zusammen mit meiner Frau und unseren Kindern bei uns zu Hause auf den Philippinen«, sagt er mit Sorgenfalten auf der Stirn. »Plötzlich ist wie aus dem Nichts ein großer heller Mann erschienen. Er kam direkt auf mich zu und sagte: ›Du bist ein Sünder.‹ Er war wie ein Engel. Er zeigte meiner ganzen Familie meine heimlichen Sünden auf einer großen Leinwand – wie in einem Film. Ich hab mich so geschämt. Dann sagte der Engel zu mir: ›Du wirst in die Hölle kommen!‹«

Mical stehen Schweißperlen auf der Stirn, als er fortfährt: »In meinem zweiten Traum war ich allein im Haus. Plötzlich erschien ein anderer Engel und sagte zu mir: ›An dem und dem Tag, um die und die Zeit wirst du sterben.‹ Ich hatte solche Angst und rief: ›Ich bin doch noch gar nicht bereit zu sterben.‹ Doch der Engel war schon verschwunden, er hat mich nicht gehört. Felix, was hat das alles zu bedeuten?« Ratlos und verängstigt schaut er mich an.

»Mical«, antworte ich ihm, »Gott will dich warnen. Ich habe dir schon oft das Evangelium erklärt, und dass du Jesus dein ganzes Leben ausliefern musst. Alles, auch die Schattenseiten – damit er dich von all deiner Schuld und Angst befreit. Gott liebt dich sehr. Er warnt dich, nicht länger zu warten, weil es eines Tages zu spät sein könnte.«

Mical ist ganz still geworden. Eine Weile sitzt er mit gesenktem Haupt da. Dann schaut er auf und stimmt mir zu: »Felix, du hast recht! Ich will ganze Sache mit Jesus machen, bitte hilf mir dabei.« Gemeinsam falten wir die Hände und beten zusammen – und Mical öffnet Jesus sein Herz. Ich bin überwältigt, wie deutlich Gott selbst manchmal zu den Seeleuten spricht, auch durch Träume und Visionen, und meine Arbeit so auf übernatürliche Weise unterstützt.

Mical ist inzwischen zu Hause bei seiner Familie. Er sucht nach einer guten Gemeinde und will sich taufen lassen. Ohne Angst bekennt er sich dazu, dass er seinen Glauben an Jesus heute ernst meint. Und seine Kollegen, Freunde und Familie achten das, denn sie haben miterlebt, wie Jesus ihn verändert hat.

Ob er seine Wutanfälle inzwischen überwunden hat? Ich bin zwar fest davon überzeugt, habe aber seither nichts mehr von ihm gehört und weiß deshalb nicht, wie es wirklich bei ihm weitergegangen ist. Das ist das Problem bei uns Seemannspastoren, dass wir vielen der Seeleute nur ein paar Mal im Leben begegnen und sie dann wieder ziehen lassen müssen. Aber ich kenne Jesus – er verändert Menschen! Er hat die Kraft, unsere Schwächen zu überwinden.

Das stimmt mich zuversichtlich. Jesus kann Mical helfen, seine Wutausbrüche in den Griff zu bekommen.

»Hallo, lieber Bruder in Christus!«

Bericht eines Kollegen aus Hamburg

Eines Tages besuche ich ein iranisches Schiff im Hamburger Hafen. Wie gewöhnlich gehe ich in die Mannschaftsmesse, wo ich christliche Schriften und Videos in persischer Sprache verteile. Ich habe ein paar kurze, eher belanglose Gespräche mit einigen der Matrosen und verlasse kurz darauf etwas entmutigt wieder das Schiff.

Zurück an der Kaimauer notiere ich mir den Namen des Frachters für meine Unterlagen. Da sehe ich aus dem Augenwinkel heraus, wie einer der Seeleute die Gangway herunterkommt. Ich warte, für den Fall, dass er mich noch etwas fragen will. Zögernd kommt er auf mich zu, wahrscheinlich weil er von einigen seiner Mannschaftskameraden vom Deck aus beobachtet wird. Ich schaue ihm nicht direkt in die Augen, sondern sage ihm im Vorbeilaufen, dass ich am Abend wiederkomme, und ihn gerne zu mir nach Hause einlade. Er nickt erfreut und geht weiter.

Am Abend hole ich Abbas in der Nähe des Schiffes ab. Es dämmert, und er wartet schon auf mich. Zusammengekauert hockt er auf einem der Poller, an dem sein Schiff vertäut ist. Ein Lächeln huscht über sein Gesicht, als er mich erkennt. Kaum sitzen wir nebeneinander in meinem Auto, fängt er sofort an zu reden. Er erzählt mir, wie alt er ist, dass er verheiratet ist und zwei Kinder hat. Und dass er glaubt, die Hälfte seines Lebens sei schon vorbei. Er wolle definitiv Klarheit haben über sein Leben, über Gott und die Ewigkeit.

Abbas ist von Geburt an Moslem, aber er will keiner mehr sein. Vor ungefähr drei Jahren hat er sich entschieden, nicht mehr an den Islam zu glauben. Er hat Angst, denn einer seiner Verwandten ist umgebracht worden, weil er sich vom Islam abgewandt hat. Kein Wunder, dass Abbas bisher niemandem von seinem inneren Entschluss erzählt hat.

Er erklärt mir, dass es ihm wehtut, welch niedrigen Stellenwert die Frauen in seinem Heimatland Iran haben, selbst ein Hund habe mehr Rechte. Ein Mann dürfe seine Frau einfach schlagen. Wenn er als verheirateter Mann sich nach einer anderen Frau sehne, brauche er bloß zum Imam zu gehen und sich die Erlaubnis für eine Mätresse einholen. Der Imam gebe meistens die Genehmigung – natürlich gegen eine entsprechende Geldsumme.

»In den Moscheen predigen die religiösen Führer Hass gegen Israel, gegen die westliche Welt und die Christen«, sagt er. Auf diese Weise bekämen bereits Kinder eine Art Gehirnwäsche. Abbas hat genug von dieser Art Religiosität.

Bei uns zu Hause angekommen, bittet er mich, ihm den christlichen Glauben zu erklären. In meinem Wohnzimmer öffne ich die Bibel, lese ihm einige Schlüsselstellen vor und erkläre, was sie bedeuten:

Anhand von Johannes 3,16 beschreibe ich Abbas Gottes Liebe für jeden Menschen weltweit. Wir lesen Römer 3,11 und Matthäus 25,46, dass wir alle Sünder sind und verloren, der Hölle verfallen. Wir betrachten Epheser 2,8 f, dass Menschen aus Gottes Gnade gerettet werden, nicht durch eigene gute Taten. Dann erkläre ich ihm Johannes 14,6 und 1. Timotheus 2,5, dort steht, dass Jesus der Weg zu Gott ist. Mit Johannes 3,3-5 und Offenbarung 3,20 zeige ich Abbas schließlich auf, wie er Jesus in sein Herz einladen kann. Am Ende erkläre ich ihm 1. Johannes 1,7-9, damit er dann sicher sein kann, dass Gott ihm vollkommene Vergebung zuspricht. Und zum Schluss sprechen wir noch über 1. Johannes 5,13, wo jedem, der Jesus annimmt, ewiges Leben versprochen wird.

Spät in der Nacht, als wir uns zurück zu seinem Schiff aufmachen, schenke ich Abbas noch eine Bibel in seiner Muttersprache Farsi, damit er das Gehörte in Ruhe nachlesen kann. Da sagt er: »Irgendwie habe ich den Eindruck, dass Gott mich zu dir geführt hat.« Es fällt ihm schwer, in seinem Heimatland zu bleiben, wo es nicht möglich ist, seine innere Überzeugung allen frei mitzuteilen. Dann verabschieden wir uns voneinander …

Ein paar Wochen später erhalte ich eine E-Mail von Abbas, er schreibt:

»Hallo mein lieber Bruder in Christus! Ich danke Jesus, dass er mich zu dir geführt hat. Den Bibelkurs habe ich inzwischen fertig durchgearbeitet – alle Kapitel. Seit dem Abend bei dir glaube ich fest an Jesus, und dass er die einzige Brücke zu Gott ist. Ich bin so glücklich, weil ich merke, wie das mein Leben verändert hat. Hoffentlich kann ich dich bald wiedersehen …«

Festgenommen

Guus Peters, Gent

Mit Mehmet, einem Seemann aus dem Nahen Osten, bin ich schon eine Weile per E-Mail in Kontakt. Doch plötzlich erreicht mich keine Nachricht mehr von ihm. Was ist geschehen? Ich bete viel für ihn, dann endlich liegt die sehnlichst erwartete E-Mail in meinem Postfach. Mehmet schreibt:

»Es ist schon so lange her, dass wir uns gesehen haben, ich vermisse dich. Danke, dass du mich nicht vergessen hast. Ich musste dein Foto verstecken. Wenn es die Sicherheitspolizei aus meinem Heimatland an Bord gefunden hätte, wäre das sehr gefährlich für mich geworden. Sie schauen immer, ob du an Bord kommst…
Zwischenzeitlich haben sie mich sogar mal festgenommen und verhört. Sie haben mir viele Fragen gestellt – zum Beispiel, warum ich nicht mehr am Islam interessiert sei. Ich bin verdächtig, weil ich gegenüber manchen Leuten die positiven Aspekte des christlichen Glaubens erwähnt habe. Leider habe ich an Bord keine Bibel. Sie würden mich hart bestrafen, würden sie dieses Buch bei mir finden. Bitte schicke mir per Mail Botschaften aus Gottes Wort. Ich wünsche mir wirklich, dich wiederzusehen.«

Seitdem sende ich meinem Freund immer wieder kurze Verse aus der Bibel und Erklärungen dazu via E-Mail. Er liest sie, danach löscht er sie sofort und gründlich, damit niemand sie entdecken kann. Auf diese Weise erhält er geistliche Nahrung und wächst in seiner Beziehung zu Jesus.

»Jesus kann deine Vergangenheit aufräumen«

Felix Henrichs, Rotterdam

Wie ein dünner Schleier liegt der Nebel an diesem sonnigen Sommermorgen über dem Wasser des Hafenbeckens. Immer wieder wird das warme Licht der Sonne von einem Rumpf aus Stahl verdeckt, während ich die Kaimauer entlangfahre. Im Schatten der Containerriesen ist es noch kalt, mich fröstelt. Überall herrscht Geschäftigkeit. Ich lasse mein Auge über die fest vertäuten Frachter schweifen. Keines der Schiffe kommt mir bekannt vor. Dann bete ich: »Jesus, bitte zeige mir, auf welches Schiff ich heute gehen soll.«

Das erste ist ein kleiner Frachter. Obwohl er immer von Kiel nach Hamburg und Rotterdam und wieder zurückschippert, kommt fast die ganze Mannschaft aus Peru. Der südamerikanische Wachmann an Deck reagiert erstaunlich kühl auf meine Begrüßung, ganz anders wie seine Landsleute sonst. Eher widerwillig lässt er mich an Bord, und niemand zeigt Interesse an einem Gespräch mit mir. Eine ganze Stunde sitze ich in der Messe herum, diesmal ohne Tee oder Kaffee, und die Leute, die sich zu mir setzen, schauen nur in den Fernseher, lesen Zeitung oder bleiben einfach nur stumm. Irgendwann wird es mir zu bunt, und ich mache mich gedankenversunken aufs nächste Schiff davon …

Hinter einem fast 400 Meter langen Frachter der Megaklasse, der rund 13 000 Lastwagencontainer laden kann, liegt ein anderer unscheinbarer, kleiner Küstenfrachter. Irgendetwas zieht mich dorthin. Ich parke mein Auto dahinter, setze meinen Helm auf, schnappe mir den Rucksack mit Literatur und gehe auf die Gangway zu. Diesmal läuft es besser:

Ich habe noch keinen Fuß auf den Steg gesetzt, da erschallt schon ein begeisterter Willkommensruf: »Bist du von der Seemannsmission? Herzlich willkommen auf unserem Schiff! Bitte komm an Bord.« Wie soll man bei einer solchen Begrüßung nicht gerne die Seeleute besuchen?!

Der junge Filipino, der mich so begeistert auf sein Schiff einlädt, stellt sich mir mit dem Namen Silvio vor, während ich mich ins Besucherlogbuch des Schiffes eintrage: Name, Ausweisnummer, Name der Mission – auf jedem Schiff derselbe Ablauf. Silvio ist für einen Asiaten groß gewachsen und hat ein freundliches Gesicht. Er ist eindeutig jemand, der gern tiefer nachdenkt und den Dingen auf den Grund geht.

Wie die meisten Filipinos, die mir begegnen, ist Silvio Katholik. Er ist traditionell religiös aufgewachsen, doch eine echte Beziehung zu Jesus kennt er nicht. Er erzählt, dass er statt einer Bibel seinen Rosenkranz mit aufs Schiff genommen hat. Nach ein paar Minuten des Plauderns führt er mich in den Speiseraum, wo schon die meisten seiner Mannschaftskollegen sitzen und gerade ihren Kaffee trinken. Mit uns beiden wird es recht eng in dem kleinen Raum, doch die Mannschaft begrüßt mich offen, ja regelrecht begeistert.

Neben dem üblichen Small Talk kommen wir bald auch über den Glauben ins Gespräch. Die Männer bitten mich, ihnen das Evangelium genauer zu erklären. Auch Silvio hört gebannt zu. Sein Blick ist die ganze Zeit auf mich gerichtet, er grübelt über die Botschaft nach, die ich ihnen verständlich zu machen versuche.

Nach einer Viertelstunde müssen alle wieder an die Arbeit. Bevor Silvio zurück an Deck geht, um die nächste Wache anzutreten, bittet er mich um eine Bibel. Die gebe ich ihm gerne. Weil es ein so herrlicher Sommertag ist, folge ich ihm nach draußen. Während er Wache hält, setze ich mich zu ihm und genieße den Sonnenschein. Wir schauen zu, wie Container aufs Schiff geladen werden. Jedes Mal erbebt das ganze Deck unter uns, wenn eine der vollen Stahlkisten mit einem lauten Rumpeln vom Kran auf ihrem Platz abgestellt wird.

Silvio fängt an, mir aus seinem Leben zu erzählen. Ohne Umschweife beschreibt er mir sein kaputtes Elternhaus und wie er als Jugendlicher kriminell geworden ist. Er hat einige krumme Dinger gedreht, gestohlen, ja sogar mit Drogen gehandelt. Er erzählt mir von seinem alkoholabhängigen Vater, der die Familie verlassen hat, als er noch klein war. »Ich hasse ihn«, sagt er. »Für das, was er meiner Mutter angetan hat, kann ich ihm nicht vergeben.« Und er spricht mit mir über seine Probleme auf dem Schiff. »Du Felix, ich lebe nach der goldenen Regel«, betont Silvio, und er meint damit, dass er niemandem etwas Böses tun will. »Also bin ich doch ein guter Mensch, oder?«

Ich antworte ihm, dass die Bibel uns Menschen anders sieht als wir selbst: »Viele Leute denken, dass es gute und böse Menschen gibt, je nachdem wie man sich verhält. Doch nach der Bibel sind alle Menschen Sünder und aus Gottes Sicht rettungslos verloren. Gott kennt unser Herz, für ihn ist ein guter Mensch jemand, der wirklich perfekt ist – innen wie außen. Das sind wir Menschen jedoch nicht einmal im Ansatz. Niemand!« Erstaunt über diese ehrlichen

Worte schaut mich der junge Wachmann mit seinen tiefbraunen Augen an.

»Nur ein Mensch war perfekt: Jesus!«, fahre ich fort. »Er ist am Kreuz für unsere Schuld und Unvollkommenheit gestorben und hat damit den Weg frei gemacht, dass wir Sünder gerettet werden können. Wenn du umkehrst und ihm dein Leben anvertraust, schenkt er dir ein neues, befreites und ewiges Leben, Silvio. Jesus kann deine Vergangenheit aufräumen. Er vergibt dir all deine Schuld, dann bist du frei.«

Mit diesen Worten verabschiede ich mich von einem sehr nachdenklichen Wachmann Silvio. Er nimmt mich zum Abschied noch in den Arm, dann packe ich meine Siebensachen und gehe aufs nächste Schiff weiter.

Über einen Zeitraum von mehreren Monaten besuche ich Silvio fast jede Woche. Er hat viele Fragen, ist offen und möchte christliche Schriften haben, um sie auf seinem Schiff und an die Hafenarbeiter zu verteilen. Er liest gerne die Bibel und die christlichen Bücher, die ich ihm gebe.

Eines Tages bekommt Silvios Schiff eine neue Route, jetzt fährt es Rotterdam nicht mehr an. Doch es gibt einen Lichtblick; alle zwei Wochen sind sie in Hamburg. Sofort schreibe ich eine E-Mail an meinen Kollegen Martin Otto und bitte ihn, Silvio doch öfter mal zu besuchen. Das tut Martin gern. Dann höre ich einige Monate lang nichts mehr von Silvio.

Eines Tages kommt wie aus heiterem Himmel wieder eine E-Mail von ihm. Silvio teilt mir mit, dass er inzwischen auf einem anderen Schiff die Westküste Afrikas entlangfährt und immer wieder fünf Häfen ansteuert: Pointe Noire, Boma und Matadi im Kongo, Libreville in Gabun und Abidjan an der Elfenbeinküste. Leider gibt es in diesen Häfen keine Seemannsmissionare, die ihn besuchen könnten. Er ist einsam, möchte aber an Bord seines Schiffes eine Bibelgruppe starten. Außerdem schreibt er:

»Lieber Felix, im Gespräch mit Martin auf meinem letzten Schiff habe ich Jesus gebeten, mir meine Sünden zu vergeben und in mein Leben zu kommen. Ich habe Jesus auch meine ganze schreckliche Vergangenheit anvertraut, seither fühle ich mich völlig frei, es ist einzigartig. Jesus hat mein Leben durch seine Kraft neu gemacht, alles ist viel heller. Heute habe ich Jesus und viele gläubige Freunde an meiner Seite …«

Wir schreiben uns immer noch regelmäßig E-Mails, auf diese Weise kann ich Silvio auch weiterhin ermutigen. Er wächst im Glauben, obwohl er als junger Christ ganz allein auf seinem Schiff sitzt, so weit weg von seiner Frau, ihrem kleinen Sohn, allen Freunden und seiner Gemeinde. Eigentlich ist das so ziemlich die ungünstigste Situation für einen jungen Gläubigen wie ihn. Doch ich vertraue auf Jesus, der auch in Westafrika bei Silvio ist. Er hält ihn fest und hilft ihm, Jesus lebt!

Die zwei Keksdosen

Guus Peters, Gent

Ich treffe Kamal im Mannschaftsraum eines marokkanischen Schiffes. Wir setzen uns gegenüber an einen ordentlich gedeckten Tisch, genießen das herrliche Mittagessen, gelben Safranreis und Fleischspieße mit Salat, und führen ein langes Gespräch. Kamal fragt mehrmals erstaunt, ob in unserem Buch, der Bibel, denn wirklich nichts über seinen Propheten Mohammed stehe.

»Nein, rein gar nichts«, antwortete ich, was ihn sehr verblüfft. Auf diese Weise kommen wir über Prophetie im Allgemeinen ins Gespräch. Mein Blick fällt auf die Keksdose, die auf dem Tisch steht. Lächelnd wende ich mich Kamal zu: »Ich will dir mal was erzählen.« Ich nehme die Keksdose und öffne den Deckel. »Die Religionen sind ein geschlossenes Gedankensystem, im Prinzip wie so eine Keksdose. Früher saß ich in der römisch-katholischen Dose. Dann habe ich Zweifel bekommen; zum Beispiel an der Unfehlbarkeit des Papstes, an der Anbetung der Heiligen, dem Fegefeuer und der ›Gottesmutter‹ Maria. Weil ich in der Keksdose keine Antworten finden konnte, beschloss ich, außerhalb der Dose danach zu suchen.«

»Und was passierte dann?«, fragt Kamal. »Wurdest du verfolgt?«

»Das passiert einem manchmal in der islamischen Keksdose, aber in meinem Fall war es nicht so schlimm … Viele Menschen in meinem Umfeld sagten im übertragenen Sinn: ›Guus, was tust du nur? Komm zurück in deine Keksdose.‹ Ich habe ihnen gesagt, dass ich zunächst Antworten auf meine Fragen brauche, weil ich auf der Suche nach Gott selbst war.«

Gespannt hört Kamal mir zu. Dann öffne ich die Keksdose und schaue innen in den Deckel. »Was steht da?«, frage ich. Kamal zeigt auf das Haltbarkeitsdatum und sagt: »10. Oktober 2011, danach kann man die Kekse nicht mehr essen.« Gemeinsam überlegen wir weiter, ob nicht auch Religionen ihren wahren Kern verlieren und ungenießbar werden können. Wir kommen zu dem Schluss, dass es auf Jesus ankommt: »Wenn in meiner Keksdose nicht Jesus auf dem Thron sitzt, dann wird ihr Inhalt schlecht!«

Kamal sieht mich mit offenem Mund an und sagt: »Das hast du aber einfach erklärt.« Wir reden noch lange über Gottes Liebe und was sie für ihn bedeutet. »Willst du nun in deiner Keksdose bleiben oder nicht?«, frage ich ihn am Ende. Der junge Marokkaner will raus aus seiner Keksdose, also bete ich für ihn und segne ihn im Namen von Jesus Christus, dem Retter und Herrn. Ein paar Stunden später, als ich den letzten Keks aus der Dose gegessen habe, nehmen wir fröhlich voneinander Abschied.

Nach diesem langen Tag im Hafen fahre ich jedoch nicht direkt nach Hause. Es ist wie eine Eingebung von Gott: Ich muss vorher noch bei Mehti und Farah reinschauen, einem Flüchtlingsehepaar aus dem Iran, das in unserer Gegend wohnt. Unsere Söhne spielen in derselben Fußballmannschaft, ich habe sie in der Vereinskantine kennengelernt. Wir mögen uns wirklich gern.

Ich klingle. Mehti und Farah freuen sich sehr über meinen spontanen Besuch. Als Geschenk packe ich eine Dose Kekse aus ihrer Heimat, dem Iran, aus. Das überrascht und freut sie sehr. Im Lauf des Abends fragen sie mich, woran ich denn glaube. Detailliert erzähle ich ihnen, dass ich an den einzigen Gott glaube, der selbst in diese Welt gekommen ist, um uns Menschen zu erretten, an Jesus Christus.

Mehti und Farah fühlen sie sich in dem kleinen holländischen Dorf inzwischen heimisch. Weil Farah noch mehr über Jesus wissen will, lade ich sie in unseren internationalen Hauskreis ein, in dem sich Menschen aus Singapur, Irak, China, Peru, Philippinen, Korea, Antillen und natürlich Niederländer treffen und dessen gesamtes Programm in Englisch gehalten wird. Dann verabschiede ich mich freundlich und fahre nach Hause.

In der Woche darauf kommt Farah in unseren Hauskreis. Wir begrüßen sie herzlich. Im Verlauf der nächsten Wochen reden wir bei den Treffen unserer Gruppe über das bekannte Buch von Rick Warren »Leben mit Vision«. Zum Abschluss laden wir auch alle Verwandten und Bekannten zu einem großen gemeinsamen Essen ein, diesmal sind auch Mehti und die Kinder mit dabei.

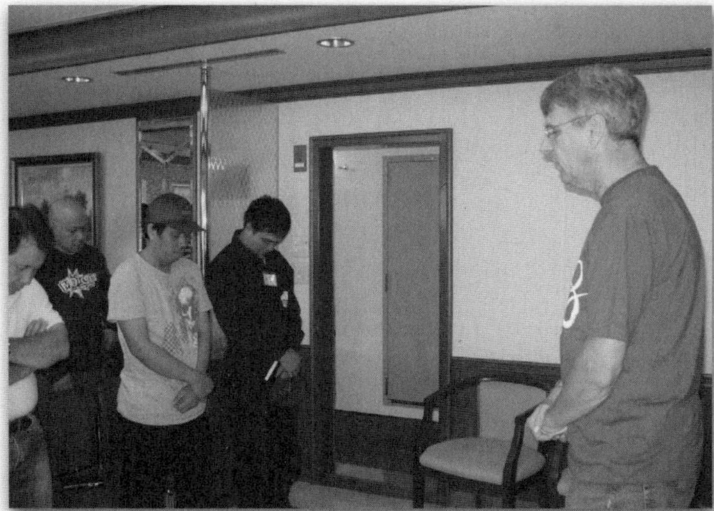

Farah hat sich inzwischen für Jesus entschieden und liest viel in ihrer Bibel. Für Mehti ist das in Ordnung, er akzeptiert die Entscheidung seiner Frau. »Hauptsache man sieht eine echte Veränderung in ihrem Leben«, sagt er. Und sie hat sich tatsächlich verändert. Ich frage Mehti, ob er nicht die gleiche Entscheidung treffen will, doch bis heute hat er es nicht getan. Er sieht keine Notwendigkeit dafür. Er ist ein netter Kerl, und ich bin stolz, dass ich ihn meinen Freund nennen darf. Ich bete viel für Mehti, dass Gott ihm seine Liebe zeigt.

Die »Queen of Pearls«-Saga

Felix Henrichs, Rotterdam

Anfang 2012 liegt über mehrere Monate ein ganz besonderes Schiff bei uns im Hafen, ein kleines Kreuzfahrtschiff mit 130 Mann Besatzung: die »Queen of Pearls«. Schiffe wie dieses sind wirklich die Perlen auf dem Ozean, zumindest für Leute, die sich eine Kreuzfahrt leisten können. Sie sind schwimmende Städte und Luxushotels, doch die Besatzungsmitglieder haben davon meistens nicht viel. Ihre Unterkünfte sind klein und spartanisch, tief unten in der Nähe der Dieselgeneratoren und des Maschinenraumes. Größer könnte der Kontrast zum Prunk der Passagierquartiere kaum sein. Die mehr als hundert Männer und Frauen der Besatzung aus aller Welt müssen hart arbeiten und ihren Gästen jeden Wunsch von den Augen ablesen.

Normalerweise fährt die »Queen of Pearls« im Sommer zwischen England und Norwegen hin und her. Ihre Kreuzfahrtsaison beginnt im Mai und endet im Oktober. Sie müsste zu dieser Zeit in einem Hafen in England liegen. Im Moment jedoch hat sie einen anderen Auftrag. Sie dient als Unterkunft für die 350 Arbeiter einer großen Offshorekranplattform, die gerade für Reparaturen im Hafen von Rotterdam liegt. Es sieht beeindruckend aus, wie die elegante »Queen of Pearls« und die futuristische riesige Kranplattform hintereinander an einem Ponton am Kanal liegen.

In meinen Augen sind die Menschen an Bord die wahren Perlen: Tom, der Sicherheitsoffizier, beispielsweise ist ein überzeugter Christ von den Philippinen. Gleich bei meinem ersten Besuch lädt er mich ein, jeden Sonntagnachmittag an Bord der »Queen of Pearls« zu kommen, um der Mannschaft eine Bibelstunde zu halten. Das tue ich nun schon seit ein paar Monaten.

Es nehmen immer fünf bis sechs Männer daran teil, die aufmerksam zuhören. Mit dem Koch Big Ray aus Honduras haben sich tiefe und intensive Gespräche ergeben. »Ich weiß, dass ich Jesus mein Leben in die Hand legen sollte«, sagt er mir eines Sonntagnachmittags. Doch beim nächsten Besuch treffe ich ihn nicht mehr an. Er hatte medizinische Probleme und musste überraschend zurück in seine Heimat, um sich behandeln zu lassen. Ob ich ihn jemals wieder treffe?

Costas, ein griechischer Zimmermann, freut sich, als er hört, dass ich von der Seemannsmission komme. Er marschiert direkt auf mich zu und sagt: »Felix, ich habe das wichtigste Buch der Welt zu Hause vergessen – meine Bibel. Hast du eine Bibel in Griechisch für mich im Gepäck?« Am Sonntag darauf bringe ich ihm gerne eine mit. Mit Tränen in den Augen nimmt er die Bibel und küsst sie. Keine Frage, er wird sie auch lesen! Den Film über das Leben von Jesus, den ich ihm geschenkt habe, hat er inzwischen 20 Mal gesehen …

Am Ostersonntag komme ich zu meinem letzten Besuch auf die »Queen of Pearls«. Die Gangway führt zu einer kleinen Luke in der Seitenwand – anders wie sonst, wenn der Luxusliner Kreuzfahrtpassagiere aufnimmt. Die werden natürlich viel eleganter an Bord gebracht.

Ich muss mich ducken, sonst würde mein Helm mit einem lauten Knall gegen die niedrige Kante aus Stahl schlagen. Eine stolze Haltung bringt einen hier nicht weiter – eine gute Lektion für mich, denke ich. Die Luke führt mich in den mit Marmor, Tropenhölzern, Chrom, buntem

Glas und Messing reich verzierten Empfangsbereich. Es geht etliche Gänge und über Treppen einige Stockwerke hinab. Mittlerweile kenne ich meinen Weg zum eher kärglich eingerichteten Aufenthaltsraum der Mannschaft im labyrinthartigen Inneren des schwimmenden Luxushotels wie im Schlaf.

Ich möchte den Seeleuten, die nun seit Wochen regelmäßig an meiner Bibelstunde teilgenommen haben, eine Gelegenheit geben, auf die Frohe Botschaft zu reagieren. Dazu habe ich ihnen ein Glaubensbekenntnis ausgedruckt, in dem alles noch einmal deutlich erklärt wird. Sie kommen aus Ghana, Indien und von den Philippinen und begrüßen mich erwartungsvoll. Der Gedanke, dass ich sie vielleicht zum letzten Mal sehe, macht mich ein wenig traurig, aber so ist das nun mal, wenn man mit Seeleuten arbeitet.

Nach meiner Andacht über den Tod und die Auferstehung von Jesus teile ich an jeden das Glaubensbekenntnis auf Papier aus. Sorgfältig lesen die Männer den englischsprachigen Text durch. Dann frage ich sie: »Wenn ihr mit dem Inhalt dieses Schreibens übereinstimmt und euer Vertrauen ganz in Jesus setzen wollt, dann könnt ihr später in eurer Kabine dieses Papier unterschreiben.« Alle sieben Männer unterzeichnen es sofort, vor meinen Augen. Dann feiern wir gemeinsam das Abendmahl. Sie wollen bewusst Jesus nachfolgen – eine überwältigende Erfahrung.

Auf dem Rückweg nach Hause bete ich, dass die Glaubensentscheidung all dieser Männer echt war, und Jesus ihnen in ihrem oft alles andere als einfachen Alltag hilft. Wenn ich das nächste Mal in den Hafen fahren werde, wird die Stelle verwaist sein, an der die »Queen of Pearls« vor Anker lag. Sie wird heute noch ablegen und mit ihrer Mannschaft wieder in Richtung Nordkap aufbrechen. Die

Männer meiner Bibelgruppe kümmern sich dann um die Technik und ums Wohl ihrer Passagiere. Ich weiß, Jesus ist bei ihnen. Er wird ihnen helfen, dass sie Crewkollegen und Kreuzfahrtgästen in Wort und Tat Gottes Liebe nahebringen können. Diese Gewissheit macht mich auf meinem Nachhauseweg innerlich ruhig.

Gebet am Abend

Felix Henrichs und Guus Peters

Denn sie sind für uns die wahren Perlen des Ozeans, diese Männer aus Vietnam und von den Philippinen, aus der Ukraine, der Türkei und von Peru, dem Iran, Ägypten, Syrien, Tuvalu und vielen anderen Ländern weltweit, die an Bord der Ozeanriesen in aller Treue ihren Dienst versehen, damit Waren und Rohstoffe rund um den Globus ihr Ziel erreichen. Wir hoffen, dass wir Ihnen, liebe Leser, diese unsere Freunde ein wenig ans Herz legen konnten. Ohne die Seeleute wären die Läden bei uns in Europa leer, wir hätten kaum etwas zu kaufen, es gebe weder Strom noch Benzin. Und sie sind sich des Wertes ihrer Aufgabe durchaus bewusst.

Die meisten von ihnen, selbst die eher rauen Kerle, begegnen uns nachdenklich, offen und ehrlich, freundlich und gastfrei. Sie vertrauen uns ihre Nöte an und freuen sich über ein Gebet. Viele sind intelligent und gebildet, bei Weitem nicht nur die Ingenieure und Offiziere, gleichzeitig sind sie an Glaubensfragen oft mehr als nur interessiert.

Wir können abends, so wie heute, nach Hause fahren und unsere Frauen und Kinder wieder in die Arme schließen. Die Seeleute, von denen wir Ihnen erzählt haben, warten auf diese schönen Momente meistens viele Monate. Kein Wunder, dass sie sich über unsere Besuche und Gesten der Freundschaft so freuen.

Wen werden wir morgen wieder treffen, wenn wir über die Hafenautobahn nach Gent, Antwerpen und Rotterdam fahren und erneut in eines der Terminals einbiegen? Wem können wir helfen? Wem von Jesus weitersagen? Denn Wort und Tat gehören in unserem Dienst untrennbar zusammen.

Wie jeden Abend beten wir auch heute – jeder von uns in seiner Stadt – für einzelne unserer Freunde auf hoher See. Dabei kommen wir meistens auch ins Nachdenken, weshalb wir in den Häfen nicht noch viel mehr christliche Mitarbeiter haben. Alleine in Rotterdam sind wir nur zwei Seelsorger für 100 Schiffe täglich. Selbst mit viel Einsatz und Engagement können wir kaum fünf Prozent der Schiffe besuchen. So gehört zu unserem täglichen Abendgebet immer auch die Bitte an Jesus, dass er uns neue Mitarbeiter sendet.

Wir leben und arbeiten an Orten, wo die ganze Welt vor Anker geht! Und fast jeden Tag machen einzelne der Seeleute, denen wir begegnen, ihr Lebensschiff auch an Jesus fest. Der Dienst im Hafen ist quicklebendig, es passiert so viel, Gott handelt hier sichtbar. Wir könnten ein Dutzend weitere Mitarbeiter sein, und hätten noch immer nicht die Kapazität, um auch nur annähernd alle Seeleute im Hafen zu besuchen. Wollen Sie uns nicht helfen?

Wir beten für unsere Teams um neue ehrenamtliche Mitarbeiter aus den vielen christlichen Gemeinden in unserer Nachbarschaft. Dazu geben wir immer wieder Schulungen und nehmen junge Christen mit an Bord, sodass sie Feuer fangen für die Seemannsmission. Zudem könnten wir jederzeit neue Jahres- und Vollzeitmitarbeiter in unsere Teams integrieren, auch aus Deutschland. Die DMG (www.DMGint.de), über die ich (Felix Henrichs) in Rotterdam tätig bin, ist offen für solche Anfragen.

Interessierten bieten wir zudem gerne die Möglichkeit, ein Praktikum im Hafen von Rotterdam oder einem der anderen europäischen Häfen im Rahmen unserer Partnerorganisationen zu absolvieren, damit sie die Arbeit der Seemannsmission vor Ort kennenlernen können.

Werden Sie ein Freund der Seeleute. Sie könnten beispielsweise an unserer jährlichen Weihnachtsaktion teilnehmen und Geschenke für Seeleute zusammenstellen. Zudem sind wir dankbar für Spenden an die DMG unter dem Stichwort »Seemannsmission«. Nehmen Sie Kontakt mit uns auf. Wir freuen uns, Sie kennenzulernen. Damit noch vielen Seeleuten geholfen wird, sie die gute Nachricht von Jesus Christus entdecken und bei ihm ihren Lebensanker festmachen.

Kontakt

DMG
Deutsche Missionsgemeinschaft
Buchenauerhof 2
74 889 Sinsheim

Internet: www.DMGint.de
E-Mail: DMG@DMGint.de

Melanie Keppler

Pelze, Tee und vier Babuschkas

Geschichten aus dem Herzen eines sibirischen Dorfes

Taschenbuch, 12 x 19 cm, 208 Seiten
Nr. 395.236,
ISBN 978-3-7751-5236-5

Ein trostloser Verbannungsort im Herzen Sibiriens. Melanie Keppler begegnet dort den vom harten Leben gezeichneten Dorfbewohnern: Mördern, Alkoholikern, Invaliden. Zum Beispiel Viktor, auf den das alles zutrifft. Gibt es für ihn Hoffnung? Oder Tamara, die nicht weiß, wo sie geboren wurde. Nach Jahren hört sie zum ersten Mal, dass jemand sie liebt. Olegs Leben nimmt in einem Mafia-Auto eine unerwartete Wende. Packende Lebensberichte, die zeigen: Bei Gott gibt es keine hoffnungslosen Fälle!

Bitte fragen Sie in Ihrer Buchhandlung nach diesem Buch!
Oder schreiben Sie an: SCM Hänssler, D-71087 Holzgerlingen;
E-Mail: info@scm-haenssler.de; Internet: www.scm-haenssler.de